OTELO

OTELO

William Shakespeare

Grupo Editorial Tomo, S. A. de C. V.
Nicolás San Juan 1043
03100 México, D. F.

1a. edición, agosto 2002.

© *Othello*
  William Shakespeare
  Traducción: Rafael Rutiaga

© 2002, Grupo Editorial Tomo, S.A. de C.V.
  Nicolás San Juan 1043, Col. Del Valle
  03100 México, D.F.
  Tels. 5575-6615, 5575-8701 y 5575-0186
  Fax. 5575-6695
  http://www.grupotomo.com.mx
  ISBN: 970-666-520-X
  Miembro de la Cámara Nacional
  de la Industria Editorial No. 2961

Diseño de portada: Trilce Romero
Supervisor de producción: Leonardo Figueroa

Impreso en México - *Printed in Mexico*

INTRODUCCIÓN

William Shakespeare ha sido considerado uno de los más grandes poetas y dramaturgos de la historia. En su obra podemos encontrar temas muy diversos, rebozantes de emotividad; pues con la capacidad magistral de su pluma nos transporta hasta el lugar mismo de los hechos, originando toda una gama de sentimientos que van desde los alegres y optimistas hasta los más tristes y trágicos.

Shakespeare nació en 1564, en Stratford-on-Avon, Inglaterra; y murió en 1616. Sus padres eran prósperos comerciantes, poseedores de una fortuna regular, gracias a la cual, William pudo tener excelentes profesores particulares. Desde su infancia conoció el fascinante mundo del teatro debido a las compañías de cómicos ambulantes que se presentaban con cierta frecuencia en la ciudad. Se casó a los dieciocho años con Anne Hathaway y tuvieron tres hijos: Susan y los gemelos Judith y Hammet.

En 1585 abandona a su familia y parte hacia la gran ciudad de Londres, donde comienza a relacionarse con el apasionante mundo de las letras, y del teatro más que nada.

Shakespeare quedó fascinado por el teatro, y en 1590, ya estaba trabajando como actor; pero al mismo tiempo, estudiaba y corregía los libretos de otros autores, con la incipiente inquietud de escribirlos él. Poco después dio a conocer sus propios libretos que fueron recibidos con gran entusiasmo, y se comenzaron a representar.

Incursionó también en la poesía narrativa, pero principalmente en la lírica, componiendo varios hermosos sonetos que están considerados entre los más importantes de la lengua inglesa.

Después de ser actor, se convirtió en socio de la compañía teatral donde actuaba. Luego se vuelve empresario y director, abarcando así todas las facetas concernientes al teatro. Por esto Shakespeare es reconocido como un auténtico escritor de la escena. A diferencia de otros dramaturgos que escribían para el teatro, él lo hacía dentro del teatro mismo; sobre las tablas; en el foro; inundando así el ambiente de una vitalidad contagiosa, producto de su asombrosa inteligencia y de su privilegiada habilidad para expresarse.

A pesar de su rotundo éxito, Shakespeare no quería publicar sus libretos; sólo se editaron dieciséis mientras vivió. Pero existían en Inglaterra , y en toda Europa, infinidad de copias que otros hicieron de la mayoría de sus escritos.

En 1623, dos amigos de Shakespeare recopilaron y publicaron las treinta y seis obras, en un libro con el título de *FOLIO.*

Según ese libro, las corrientes que sigue el teatro de Shakespeare son tres: dramas históricos, comedias y tragedias. Y aunque dicha clasificación se considera incorrecta, continúa vigente.

Dramas históricos:

Julio César, Hamlet, Ricardo III, Otelo y *El rey Lear*. En algunos de estos dramas encontramos frases que, debido a su profundidad, se han hecho célebres a través del tiempo: "Mi reino por un caballo", exclama el cruel Ricardo III al presentir su muerte, o "Ser o no ser, ésta es la cuestión...", palabras que pronuncia Hamlet al pensar en suicidarse.

Comedias:

Son quince, y entre ellas destacan: *La fierecilla domada, El sueño de una noche de verano, El mercader de Venecia, Noche de Reyes* y *Las alegres comadres de Windsor*.

Dentro de este género encontramos personajes de las más diversas características; algunas veces con el único fin de divertir, y otras ocasiones erigiéndose como portavoces de crítica social.

Tragedias:

Son doce, y entre las más importantes tenemos a: *Romeo y Julieta, Macbeth* y *Tito Andrónico*.

La obra que presentamos en esta ocasión es un drama histórico que Shakespeare escribió en 1604, cuando él ya era un escritor prolífico y prestigiado que había trabajado con tesón en los tres géneros.

Este drama terrible es una muestra de la fragilidad humana, pues al principio nos presenta a Otelo como un hombre valiente y bueno, pero después, cuando tejen una red de intrigas a su alrededor, él se transforma en un ser lleno de rencor. Este cambio radical es causado por Yago, personaje hipócrita y malvado quien, fingiendo amistad hacia Otelo, logra que surjan los celos y el odio en el alma de éste, hasta el extremo de llevarlo a cometer un crimen.

En *Otelo* podemos encontrar un gran contraste de sentimientos; por un lado, el amor y la virtud representados por Desdémona, y por otro lado, la envidia y el odio transmitidos en la figura de Yago.

El desenlace de la obra es muy triste, ya que se cometen varias injusticias que no tienen remedio. En esos momentos es cuando el lector o espectador quisiera meterse dentro de la obra para detener las manos criminales y evitar los lamentables acontecimientos.

Rafael Rutiaga

OTELO

(Drama histórico)

Personajes:

DUX DE VENECIA.

BRABANCIO. Senador.

Otros senadores.

GRACIANO. Hermano de Brabancio.

LUDOVICO. Pariente de Brabancio.

OTELO. Noble moro al servicio de la República de Venecia.

CASIO. Su teniente.

YAGO. Su alférez.

RODRIGO. Un hidalgo veneciano.

MONTANO. Predecesor de Otelo en el gobierno de Chipre.

BUFÓN. Criado de Otelo.

DESDÉMONA. Hija de Brabancio y mujer de Otelo.

EMILIA. Mujer de Yago.

BLANCA. Manceba de Casio.

Un marinero, un mensajero, un heraldo, alguaciles, caballeros.

Músicos y criados.

Lugares de las escenas: Venecia y un puerto de Chipre.

PRIMER ACTO

PRIMERA ESCENA
Una calle de Venecia.

Entran **RODRIGO Y YAGO.**

RODRIGO. —Calla, no me hables de ello;
siento mucho
que tú, a quien entregué mi bolsa, Yago,
cual si las cintas de ella fueran tuyas,
supieras de eso.

YAGO. —No quieres oírme.
Si alguna vez imaginarlo pude,
aborréceme.

RODRIGO. —¿No dijiste acaso
que en odio lo tenías?

YAGO. —Despréciame,
si así no fuera. Te juro que tres grandes
de esta ciudad le rogaron en persona,
gorra en mano, que teniente suyo
me nombrara, y a fe de buen soldado
sé lo que valgo; el puesto me compete.

Pero él, cegado con su propio orgullo,
y apegado a su intento, de evadirlos
trata con ampulosas vaciedades
que adorna con epítetos guerreros;
y en conclusión, a complacer se niega
a mis patronos; porque, "A fe", les dice,
"Ya tengo a mi oficial". ¿Y quién es ése?
Un valiente aritmético, sin duda,
un cierto Miguel Casio, florentino,
un mozo mujeriego y adamado,
que al campo un escuadrón no sacó nunca,
que de achaques de guerra tanto entiende
como una solterona, diestro sólo
en la teoría escrita, en que cualquier
cónsul togado tanto como él sabe.
Su ciencia militar no es más que charla,
sin práctica ninguna. Y a él elige;
y yo, que ante sus ojos di mil pruebas
de bueno en Rodas, Chipre y otras tierras
cristianas y paganas, en mal hora
me quedo postergado por un necio
enredador de cuentas. Él en cambio
ha de ser su teniente; y yo (¡mal haya!)
de su moruna señoría alférez.

RODRIGO. —¡Por mi parte, mejor fuera su verdugo!

YAGO. —Ya no hay remedio. Tal es el servicio.
O por influjo o por favor se asciende,
no por antigüedad, donde el segundo
siempre heredó la plaza del primero.
Juzga tú mismo ahora si en justicia
tengo motivo para amar al moro.

RODRIGO. —Dejara yo en tal caso de seguirlo.

YAGO. —Estate tranquilo; si lo sigo es sólo
  por cuenta que me tiene. No podemos
  ser todos amos, ni los amos pueden
  siempre encontrar leales servidores.
  Verás no pocos siervos miserables,
  siempre obsequiosos, de su estado abyecto
  de servidumbre al parecer prendados,
  que sirven a sus amos como burros,
  por el pienso no más, y cuando llegan
  a envejecer, se quedan en la calle.
  Palos merece gente tan honrada.
  Pero otros hay en cambio que, ataviados
  con formas y visajes de obediencia,
  atienden sólo a su provecho propio,
  que aparentando celo por sus amos,
  medran a costa de ellos, y en haciendo
  su agosto, se convierten en señores.
  Ésta es la gente lista, y de esta especie
  profeso ser yo mismo. Porque, hidalgo,
  es tan seguro como eres Rodrigo,
  que, a ser yo el moro, Yago no sería.
  Mas con servirle a él, sirvo a mí mismo.
  Sábelo Dios: si tal servicio presto,
  no es por amor, ni por deber; mas sólo
  por conseguir mis fines que lo finjo.
  El día en que mis actos exteriores
  del corazón la inclinación oculta
  con cumplimientos vanos revelaran,
  colgara de la manga de mi ropa

mi corazón cual pasto para grajos.
No soy yo lo que soy.

RODRIGO. —¡Qué brava suerte
debe tener el de los labios gordos
si logra tal merced!

YAGO. —Llamen al padre;
vayan tras él; envenenen su dicha;
pregónenlo en la calle, y que arda toda
su parentela en ira; y aunque more
en apacible clima, con molestas
moscas atorméntenlo, y si su dicha
por dicha tiene, a sus oídos llegue
tan envuelta en pesar, que en parte pierda
algo de su virtud.

RODRIGO. —Ésta es su casa:
Voy a llamarlo en alta voz.

YAGO. —Llámalo
con pavoroso grito y ronco acento,
como cuando de noche por descuido
estalla el fuego en populosa villa.

RODRIGO. —¡Hola, Brabancio! ¡Alza, señor
Brabancio!

YAGO. —¡Brabancio, despierta! ¡Hola, ladrones!
¡Mira por tu hacienda y por tu hija!
¡Ladrones! ¡Eh! ¡Ladrones!

BRABANCIO *se asoma a una ventana.*

BRABANCIO. —¿Qué motivo
hay para tal estruendo? ¿Qué sucede?

RODRIGO. —¿Tu familia se halla toda en casa?

YAGO. —¿Están cerradas todas tus puertas?

BRABANCIO. —¿Por qué lo preguntan?

YAGO. —Te han robado:
ponte el manto; ¡vive Dios! Te pierden;
¡te han robado la mitad del alma!
Ahora mismo, en este mismo instante,
está forzando a tu blanca oveja
un lascivo morueco, viejo y negro.
Despierta a rebato a los vecinos,
si no quieres que abuelo te haga el diablo.
¡Alza, te digo!

BRABANCIO. —¿Han perdido el seso?

RODRIGO. —¿No conoces mi voz, señor ilustre?

BRABANCIO. —No tal: ¿quién eres?

RODRIGO. —Señor, yo soy Rodrigo.

BRABANCIO. —Tanto peor.
Te he dicho que no quiero
que rondes más mi casa. De mis labios
oíste francamente que mi hija
no es para ti. Y en tu locura, ahora,
lleno de mosto, sales de la orgía
a turbar con malicia mi reposo.

RODRIGO. —¡Por Dios, señor, por Dios...!

BRABANCIO. —Aunque no ignoras
que mi empleo y valor me ofrecen medios
para vengarme de tan vil ultraje.

RODRIGO. —Paciencia, buen hidalgo.

BRABANCIO. —¿Qué me charlas
de robos tú? ¿No estamos en Venecia?
¿Es mi palacio alguna granja acaso?

RODRIGO. —Venerable Brabancio, a ti acudo
con fin honrado; mi intención es sana.

YAGO. —¡Vive el cielo!, hidalgo, eres de aquellos que
no quieren servir a Dios si el diablo se lo manda.
Cuando venimos a hacerte un servicio, ¿nos tomas
por malhechores? ¿Quieres que cubra a tu hija un
caballo berberisco? ¿Quieres que tus nietos te re-
linchen? ¿Quieres que sean corceles tus primos, y
jacas tus sobrinos?

BRABANCIO. —¿Quién eres tú, grosero maldi-
ciente?

YAGO. —Soy quien te viene a anunciar que tu hija y
el moro están haciendo ahora la bestia de doble
espalda.

BRABANCIO. —Eres un pillo.

YAGO. —Eres un senador.

BRABANCIO. —La pagarás: Rodrigo, te conozco.

RODRIGO. —Como gustes. Mas por favor, dime
si fue a consentimiento y gusto tuyo,
como en parte lo creo, que tu hija,
a hora tan entrada de la noche,
sin otro amparo que el de un mercenario
vil gondolero, se entregó liviana
al rudo abrazo de un lascivo moro.
Si en esto consentiste a sabiendas,
te hicimos, por cierto, osado ultraje;

si lo ignoras, mi educación me dice
que nos reñiste sin razón. ¡Ah!, nunca
pienses que, ajeno a toda honesta usanza,
te faltara al respeto de tal modo.
Tu hija, te lo repito, te ha burlado
villanamente, a menos que permiso
le dieses para tanto, uniendo aleve
su hacienda, su belleza y su fortuna
a la de un vagabundo aventurero
sin patria y sin hogar. Toma informes;
si estuviere en su estancia, o bien en casa,
castíguenme las leyes del Estado
por vil engañador.

BRABANCIO. ¡Prendan la yesca!
¡Denme una vela! ¡Despierten a todos!
Se parece a mi sueño esta desgracia.
Me mata ya a recelos la sospecha.
¡Luz!, digo, ¡luz!

BRABANCIO *se retira de la ventana.*

YAGO. —Adiós; debo dejarte:
de modo alguno a mi interés conviene,
ni es justo que aparezca cual testigo,
(como sucederá, si aquí me quedo)
contra mi jefe el moro. A mí me consta,
por más que este suceso un tanto empañe
el brillo de su fama, que el Estado
no puede exonerarlo de su empleo
sin grave riesgo; en tal apuro se halla
por la guerra de Chipre que arde ahora;

y a ningún precio a otro hombre encontraría
tan útil para el mando de esta empresa.
Por cuya causa, aunque en el alma lo odio
más que al cruel suplicio del infierno,
es menester que finja y haga alarde
de celo y devoción que en mí no existen;
mi situación presente me lo impone;
pero es ficción no más. Al *Sagitario*
lleva a los que en busca suya salgan,
y lo hallarás sin falta. Al lado suyo
allí estaré también. El cielo te guarde. *(Se va)*.

Entran **BRABANCIO** *y* **CRIADOS**
con antorchas.

BRABANCIO. —El mal es harto cierto:
se ha fugado;
y lo que resta de mi odiada vida
tristeza es nada más. Dime, Rodrigo,
¿dónde la viste? ¡Oh niña desdichada!
¿No dices con el moro? ¡Ay triste padre!
¿En qué la conociste? ¡Cuál me engaña!
Cuéntame: ¿qué te dijo? ¡Traigan más luces!
Y despierten a todos mis parientes.
¿Crees tú que se han casado?

RODRIGO. —Sí, lo creo.

BRABANCIO. —¿Cómo pudo salir?
¡Traición infame!
Padres, de hoy más no confíen tranquilos
en sus hijas, aunque castas sean.

¿No tiene el mundo hechizos con que astuto
de la inocencia y la virtud abusa?
¿No recuerdas, Rodrigo, haber leído
algo sobre eso?

RODRIGO. —A fe que lo recuerdo.

BRABANCIO. —Despierten a mi hermano.
¡Ay, fuera tuya!
Vayan unos por aquí; por allí otros.
¿Sabes acaso en dónde dar podremos
con ella y con el moro juntamente?

RODRIGO. —Espero dar con él, si acompañado
de gente de valor seguirme quieres.

BRABANCIO. —Guía, te lo ruego.
Llamaré doquiera.
Si es menester podré mandar que me abran.
Traigan armas acá, y a algunos jefes
de la ronda llamen. Vamos, Rodrigo.
Sabré recompensarte tus desvelos. *(Se van).*

SEGUNDA ESCENA

Otra calle.

Entran **OTELO, YAGO** *y acompañamiento
con antorchas.*

YAGO. —Maté más de uno en el guerrero oficio,
y sin embargo, por pecado grave
tengo el matar con fin premeditado.
Maldad me falta, a veces con perjuicio

de mi interés. Estuve ocho o diez veces
a punto de pincharle en las costillas.

OTELO. —Más vale así.

YAGO. —Es que chilló tan alto,
usó tan vil lenguaje y ofensivo
contra su Merced, que con la poca
piedad que Dios me ha dado, apenas pude
mi enojo contener. Dígame, empero,
¿están casados ya? Yo le aseguro
que el senador es hombre muy bienquisto,
y poderosa voz tiene en su ayuda,
aun más que el mismo Dux.
querrá el divorcio;
o por lo menos para molestarlo
apurará la ley por cuantos medios
estén en su poder.

OTELO. —Pues que la apure.
Acallarán sus quejas los servicios
que he prestado al Senado. A nadie dije
(y lo he de promulgar en cuanto sepa
que sea honrosa la alabanza propia)
que derivo mi ser y mi existencia
de hombres de regia estirpe; mi destino
es acreedor a una tan alta suerte
como esta que hoy alcanzo. Créeme, Yago,
si a la gentil Desdémona no amara,
mi libre condición independiente
por esta sujeción no trocaría
por todo el oro que la mar esconde.
Pero mira: ¿qué luces son aquéllas?

YAGO. —Es el airado padre y sus amigos.
Váyase adentro.

OTELO. —No, que aquí han de encontrarme.
Mis prendas, y mi rango, y mi alma entera
alto dirán quien soy. Dime: ¿son ellos?

YAGO. —Que no son ellos pienso, ¡voto a Jano!

Entran **CASIO** *y algunos* **OFICIALES**
con antorchas.

OTELO. —Criados son del Dux y mi teniente.
Amigos, buenas noches. ¿Qué hay de nuevo?

CASIO. —Mi general, el Dux salud le manda,
y exige que al instante y sin demora
se aviste con él.

OTELO. —¿Qué crees que ocurre?

CASIO. —Si no me engaño, nuevas son de Chipre.
Es cosa de premura: las galeras
han despachado a doce mensajeros
seguidamente el uno tras del otro
en esta misma noche; y con Su Alteza
gran número de miembros del Consejo
se encuentran a deshora congregados.
Lo ha llamado a usted con insistencia;
y no habiéndolo hallado en la posada
donde suele parar, en busca suya
mandó el Senado diferentes veces.

OTELO. —Bueno es que diste tú al fin conmigo:
Deja que una palabra en casa diga,
y te acompaño al punto. *(Se va)*.

CASIO. —¿Qué hace aquí, alférez?

YAGO. —Ha abordado esta noche una carraca;
si es buena presa, colmará su suerte.

CASIO. —No acierto a comprender.

YAGO. —Que se ha casado.

CASIO. —¿Con quién?

Vuelve a entrar **OTELO.**

YAGO. —Con... ¿Vamos, capitán?

OTELO. —Marchemos.

CASIO. —Aquí más gente viene en busca suya.

YAGO. —Brabancio es. Mi general, cuidado:
viene con mal intento.

Entran **BRABANCIO, RODRIGO**
y **ALGUACILES** *con antorchas y armas.*

OTELO. —¡Hola! ¡Deténganse!

RODRIGO. —Es el moro, señor.

BRABANCIO. —¡Ladrón! ¡Mátenlo!

Desenvainan ambos bandos.

YAGO. —¡Hola, Rodrigo! ¡Aquí, galán, te espero!

OTELO. —Guarden las limpias hojas, que el rocío
puede empañar su brillo. Buen hidalgo,
más pueden tus años que esa espada.

BRABANCIO. —¡Oh, vil bandido!
¿Dónde escondiste a mi hija?
Maldito embaucador, la has hechizado.
Que oiga todo ser que tenga juicio,
si es posible, no estando encadenada
por viles sortilegios, que una niña
tan tierna, tan hermosa y tan contenta,
tan opuesta a casarse que esquivaba
los más ricos galanes de su pueblo,
habría jamás abandonado, siendo
blanco a la vez de universal escarnio,
la patria potestad para ampararse
en el tiznado y asqueroso seno
de un monstruo como tú, que espanto causa,
no deleite al sentido: juzgue el mundo,
y diga si no es claro como el día
que hubo aquí torpe hechizo, y que engañaste
su tierna juventud con viles drogas
o minerales que la acción suspenden.
He de hacer que se aclare tanto engaño,
evidente y aun palpable al pensamiento.
Por tanto aquí te prendo, y te denuncio
por vil embaucador, por hechicero
experto en negras artes prohibidas.
Échenle mano, y si hace resistencia,
sujétenlo aun a riesgo de matarlo.

OTELO. —Esperen, digo, amigos y adversarios.
Cuando toca a pelear, aun sin apunte
sé mi papel. ¿Dónde quieres que vaya
a responder al cargo?

BRABANCIO. —A un calabozo,
   hasta que a juicio, a su debido tiempo,
   la ley te cite.

OTELO. —¿Y si te obedeciera?
   ¿Piensas que el Dux por ello te diera gracias?
   Ves a mi lado aquí a sus mensajeros;
   vienen a conducirme a su presencia
   para tratar de asuntos del Estado.

OFICIAL 1o. —Es cierto, hidalgo,
   el Dux está en consejo,
   y a él te habrán citado, estoy seguro.

BRABANCIO. —¡Cómo! ¿En consejo el Dux?
   ¿A medianoche?
   Préndanlo, pues: mi queja no es ociosa;
   es seguro que el mismo Dux y mis colegas
   sentirán este ultraje como propio.
   Si han de quedar impunes tales hechos,
   dense las riendas del gobierno en manos
   de estúpidos esclavos y paganos.
   (Se va).

TERCERA ESCENA
La sala del Consejo.

El **DUX** *y varios* **SENADORES** *sentados
a una mesa;* **OFICIALES** *de servicio.*

DUX. —Carecen estas nuevas de coherencia
   que crédito les dé.

SENADOR 1o. —Su contenido
no está conforme, a fe; según mis cartas
a ciento siete llegan las galeras.

DUX. —A ciento treinta y seis dicen las mías.

SENADOR 2o. —Las mías, a doscientas.
Sin embargo,
aunque no estén conformes en el número
(como a menudo ocurre en casos tales,
en que la conjetura mucho yerra),
todas dan cuenta de una armada turca
que navegando va con rumbo a Chipre.

DUX. —Parece, bien mirado, harto probable:
haciendo caso omiso de algún yerro,
juzgo la parte principal fundada,
y me inspira temor.

MARINERO. *(Adentro)*. —¡Ah del Senado!

OFICIAL 1o. —Noticias de la flota.

Entra un **MARINERO.**

DUX. —¿Qué hay? ¿Qué ocurre?

MARINERO. —Ángel, el capitán, decirle manda
que hacen rumbo los turcos hacia Rodas.

DUX. —¿Qué les parece este cambio?

SENADOR 1o. —Es imposible:
Razón de ser en modo alguno tiene;
es un ardid con que engañarnos piensan;
pues si consideramos la importancia
que tiene Chipre para el turco, y luego

reflexionamos que no sólo importa
aquella presa al turco más que Rodas,
sino también que fuera su conquista
menos difícil por ser menos fuerte
y carecer de los pertrechos todos
que guarnecen a Rodas; bien pensado,
no debemos juzgar tan torpe al turco
que deje de atender primero a aquello
que más le importa, abandonando necio
una conquista provechosa y fácil,
para engolfarse en riesgos sin provecho.

DUX. —Tengan por cierto que no piensa en Rodas.

OFICIAL 1o. —Noticias frescas llegan.

Entra un **MENSAJERO.**

MENSAJERO. —Muy ilustre
senado reverendo, el otomano,
con rumbo fijo a Rodas navegando,
juntóse allí con naves de refuerzo.

SENADOR 1o. —Lo supuse.
¿Sabes con cuántas naves?

MENSAJERO. —Con treinta velas;
y virando ahora
hace proa hacia Chipre de retorno;
con manifiesto intento de atacarla.
Esto le manda decir respetuoso
y suplicándole que quiera creerle,
su criado fiel, el esforzado
señor Montano.

DUX. —A Chipre van sin duda.
¿Se encuentra en la ciudad Marcos Luchese?

SENADOR 1o. —Partió a Florencia.

DUX. —Pues de parte nuestra
escríbanle que vuelva sin demora.

SENADOR 1o. —Brabancio llega
y el valiente moro.

Entran **BRABANCIO, OTELO, YAGO,
RODRIGO** *y* **ALGUACILES.**

DUX. —Valiente Otelo, es menester que al punto
salgas a combatir al enemigo
común, al otomano. (*A* **BRABANCIO**).
No te vi al pronto
noble señor; seas muy bien llegado.
Faltónos esta noche tu ayuda
y buen consejo.

BRABANCIO. —A mí faltóme el suyo;
perdón por tanto a su Alteza pido.
ni mi alto empleo, ni noticia alguna
de estos quehaceres me sacó del lecho:
el mal común en mi alma no hace mella,
pues mi dolor privado, cual torrente
que se despeña, arrastra en su camino
y engulle cuantas penas halla al paso,
y siempre el mismo queda.

DUX. —Pues ¿qué ocurre?

BRABANCIO. —¡Mi hija! ¡Ay, hija mía!

DUX y SENADORES. —¿Cómo? ¿Ha muerto?

BRABANCIO. —Ha muerto para mí.
   La han seducido,
   me la han robado y pervertido aleves,
   con yerbas y específicos comprados
   de charlatanes; pues, sin malas artes,
   es imposible que Natura errara
   de modo tan absurdo, no siendo ella
   de juicio falta, ciega, ni demente.

DUX. —Sea quien fuere el vil que de tal modo
   privó del propio ser a tu hija,
   y de ella a ti, aplicarás tú mismo
   con su mayor dureza, y como quieras,
   el sanguinario libro de las leyes,
   aun cuando recayera tu cargo
   en nuestro propio hijo.

BRABANCIO. —A su Alteza
   humilde gracias doy. Éste es: el moro.

DUX y SENADORES. —Lo lamentamos mucho.

DUX. —Y tú, Otelo,
   ¿qué contestas en desagravio propio?

BRABANCIO. —Nada, o tan sólo que es verdad.

OTELO. —Ilustre
   senado, poderoso y reverendo,
   muy nobles amos y señores míos:
   que me he llevado a la hija de este anciano
   es cierto por demás; también es cierto
   que me casé con ella; de ahí no pasa
   la suma y extensión de mi delito.

Soy rudo de lenguaje y mal dotado
de blandas frases que la paz enseña;
pues desde que tuvieron estos brazos
apenas de seis años fuerza y brío
hasta hace nueve lunas no cumplidas,
gastaron en la lid y el campamento
su esfuerzo todo, y poco sé del mundo
si no es de achaques de marcial contienda.
Poco favor, por tanto, haré a mí mismo
hablando en causa propia. Sin embargo,
si me otorgan licencia, les daré cuenta
breve y sucinta, en términos sencillos,
del logro de mi amor; con cuáles drogas,
con cuáles sortilegios y conjuros
de poderosa magia (pues me acusan
de usar de tales artes) gané a su hija.

BRABANCIO. —¡Una niña tan tímida, de alma
tan cándida y modesta, que el sonrojo
refrenaba su acción más inocente,
iba a ser capaz, aun a despecho
de su naturaleza, edad y patria,
su condición y sus costumbres todas,
de prendarse de un monstruo cuya vista
espanto le causaba! Quien juzgare
la perfección capaz de error tan torpe,
contrario a toda ley de la Natura,
diera prueba de juicio poco firme;
no, fuerza es confesar que, sin la ayuda
de las astutas artes del infierno,
esto no fuera nunca. Yo, por tanto,
vuelvo a afirmar que la sedujo infame

con viles yerbas que la sangre alteran,
o tósigo al efecto preparado.

DUX. —La afirmación no es prueba, sin apoyo
más firme y lato que éste que te sugieren
vulgares conjeturas y apariencias.

SENADOR 1o. —Pero di, Otelo: ¿acaso es cierto
que la lograste con tan torpe engaño?
¿O fue el amarte obra del cariño
que un corazón con ruego de otro alcanza?

OTELO. —Les pido que manden al *Sagitario;*
que venga la doncella, y en persona
hable de mí delante de su padre;
y si me hallan culpable a juicio suyo,
no sólo despójenme de mi empleo,
no sólo retiren la confianza
que en mi valor pusieron, sino quite
mi misma vida su duro fallo.

DUX. —Que vayan por Desdémona.

OTELO. —Mi alférez,
acompáñalos; bien sabes a donde.

Se van **YAGO** *y acompañamiento.*

Y mientras llegue, con sincero labio,
y tan de veras como a Dios confieso
las culpas de mi sangre, a su oído
diré de qué manera prosperamos,
yo en el afecto de la hermosa dama,
y ella en el mío.

DUX. —Cuéntanos, Otelo.

OTELO. —Su padre me quería, y a menudo
me convidaba, y cuenta me pedía
del curso de mi vida, año por año,
de las batallas, sitios y venturas
buenas y adversas que corrido había.
Se lo conté, desde mi edad más tierna
hasta el momento en que exigió el relato.
Y hube de hablar de lances desastrosos,
de riesgos que corrí por mar y tierra,
de cómo me salvé por solo un punto
de cierta muerte en peligroso asalto,
de mi prisión por enemigo aleve,
que esclavo me vendió, de mi rescate.
Y peregrinación maravillosa.
Y hube de hablar de lóbregas cavernas,
y de áridos desiertos, hondas simas,
peñascos y montañas cuyas cumbres
tocan el cielo; hablé de los caribes,
crueles antropófagos que fieros
se comen unos a otros, y de seres
cuyas cabezas bajo el hombro nacen.
Con ávidos oídos escuchaba
siempre atenta Desdémona el relato;
y si a veces quehaceres de la casa
aparte la llamaban, en cuanto
lograba despacharlos con premura,
solícita volvía y con ansioso
oído devoraba mi discurso.
Notando yo esto, aproveché propicio
una hora favorable, y hallé medio
de que con ruego ardiente me pidiera

que por favor quisiese relatarle
mi peregrinación, punto por punto,
la que ella a trozos sólo había oído,
mas nunca por entero. Cedí al ruego,
y más de una vez le arranqué lágrimas tiernas
contándole aventuras desdichadas
de mi primera edad. Concluído el cuento,
premióme con un mundo de suspiros;
juró que, a fe, era extraño, más que extraño,
que era sensible, por demás sensible:
que querría jamás haberlo oído,
aunque, de haberla hecho hombre el cielo,
habría querido ser un hombre semejante.
Las gracias diome, y dijo que si un día
tuviese yo un amigo que la amara,
le enseñase a contar aquella historia;
que con eso sólo de cierto la lograra.
Tal fue lo sucedido. Me amó ella
por los peligros que corrido había;
la amé yo por condolerse de ellos.
Ésta es la magia de que usé tan sólo.
La dama llega; atestiguarlo puede.

Entran **DESDÉMONA**, **YAGO**
y acompañamiento.

DUX. —Y creo que esta historia sedujera
también a una hija mía. Buen Brabancio,
toma la ofensa por do menos duele:
pues vale más reñir con rota espada
que con desnuda mano.

BRABANCIO. —Escúchenla, les ruego.
Si ella confiesa que fue en parte amante,
¡que me maldiga Dios si queja alguna
contra él levanto! Ven acá, doncella:
¿A quién, entre esta noble compañía,
debes más obediencia?

DESDÉMONA. —Noble padre,
advierto aquí que mi deber es doble:
a ti educación y vida debo;
vida y educación me enseñan ambas
a respetarte; el deber de hija
manda que como a dueño te obedezca.
Pero aquí está mi esposo; y considero
que cuanto acatamiento a ti mi madre
con preferencia de su padre hizo,
tanto también es justo que yo muestre
al moro mi señor.

BRABANCIO. —¡Que Dios te valga!
No tengo qué decir. Si te place, Alteza,
tratemos ya de asuntos del Estado.
¡Ay!, antes que engendrar a un hijo propio,
adoptara a un extraño. Moro, escucha:
de todo corazón te doy aquello
que te negara con el alma toda,
si ya no fuera tuyo. Por tu causa,
prenda, me alegra el no tener más hijos;
tu fuga a ser tirano me enseñara,
y les pusiera grillos. He acabado.

DUX. —Déjenme que hable y diga una sentencia
que cual peldaño o grada al favor suyo

acerque a aqueste par de enamorados.
Inútil es llorar si la esperanza
no ofrece al mal alivio ni bonanza:
el lamentarse cuando no hay remedio
es de aumentar el mal seguro medio:
del hado engañador se burla el alma
que opone a sus agravios quieta calma:
robar podrá al ladrón quien de él se ría:
roba a sí mismo el que en llorar porfía.

BRABANCIO. —Mientras nos robe
el turco de esa suerte
a Chipre, estemos con el brazo inerte:
nada perdemos, pues en quieta calma,
la risa al labio asoma y paz al alma.
Al que se aparta libre de condena
nada le importa la sentencia ajena,
y deja el tribunal edificado:
no así se aleja el triste condenado,
que carga con su duelo y su sentencia,
sin más remedio que el tener paciencia.
Doble sentido tales dichos tienen,
y en gozo o duelo siempre a cuento vienen;
mas dichos, dichos son: nunca he leído
que por la oreja sane el pecho herido.
Te ruego humildemente que pasemos
a los negocios del Estado.

DUX. —El turco con poderosa armada hace rumbo
a Chipre. Nadie mejor que tú, Otelo, conoce la fortaleza de aquella plaza; y aunque tenemos allí a
un sustituto de reconocida capacidad, sin em-

bargo, la opinión, señora absoluta del éxito, cree
hallar en ti mayor competencia. Es menester, por
tanto, que seas servido de empañar el brillo de tu
reciente dicha con esta más ruda y turbulenta ex-
pedición.

OTELO. —Senado ilustre: al hábito tirano
deben mis miembros el hallar el lecho
de pedernal y acero de la guerra
tálamo blando de mullidas plumas;
me precio de poseer ánimo fuerte,
activo siempre en el mayor peligro:
apercibido estoy para esta guerra
y ansioso de retar al otomano.
Prestando, pues, acatamiento humilde
a la orden suya, protección honrosa
para mi esposa pido, como cumple
a su alto rango; y casa y servidumbre
dignas de su persona y noble cuna.

DUX. —Si te place, en casa de su padre sea.

BRABANCIO. —No lo consiento.

OTELO. —No.

DESDÉMONA. —Ni yo tampoco.
No quiero estar allí; pues a mi padre
robara la quietud y el pensamiento,
estando sin cesar ante sus ojos.
¡Oh bondadoso Dux!, presta benigno
a mi discurso oído, y halle en tu
amiga voz apoyo mi simpleza.

DUX. —¿Qué pretendes, Desdémona?

DESDÉMONA. —Que quise
al moro para estar con él unida
pregonarán al mundo claramente
de mi fortuna la tormenta fiera
y la violencia de mi amor: mi pecho
a él se rindió, cual súbdito a monarca:
el rostro vi de Otelo en su alma noble,
y en aras de su fama y altos hechos
le di en tributo el alma y la fortuna.
Por tanto, venerables senadores,
si él a la guerra parte, y yo su esposa,
cual polilla de paz, atrás me quedo,
del dulce lazo el fruto no recojo,
y triste lloraré su dura ausencia
en soledad. Deja que lo acompañe.

OTELO. —Su súplica otorgue, senado ilustre.
Y sabe Dios que tal merced no imploro
por halagar mi gusto y mi apetito,
ni mi sensual ardor (la sangre moza
no bulle ya en mis venas), sino sólo
por ser con ella liberal y franco:
y no piensen, por el amor del cielo,
que habré de descuidar el alto asunto
que a mí confían, porque ella me acompañe;
¡ah, no!, cuando de amor, rapaz alado,
los frívolos juguetes con liviana
torpeza emboten mi alma y mis sentidos,
o cuando el goce enerve mi energía,
hagan comadres de mi casco olla,
y empañe y oscurezca mi renombre
de baja adversidad la parda bruma.

DUX. —Vaya o no vaya, de común acuerdo
determínenlo: el caso pide urgencia,
y es menester que resuelvan en breve.

SENADOR 1o. —Es fuerza que partas en esta noche.

OTELO. —De todo corazón.

DUX. —Por la mañana
aquí nos juntaremos a las nueve.
Deja atrás a un oficial, Otelo,
con quien podamos luego remitirte
nuestro despacho, y los arreos todos
que a tu rango y dignidad atañen.

OTELO. —Si te place, Alteza, quédese mi alférez:
es hombre leal y de honradez probada.
La conducción a su cuidado dejo
de mi mujer y lo demás que juzgue
su Alteza oportuno remitirme.

DUX. —Pues que así sea. A todos buenas noches.
Noble señor Brabancio, una palabra:
si la virtud, cual dicen, embellece,
de hechizos tu yerno no carece.

SENADOR 1o. —A Desdémona honra,
valiente moro.

BRABANCIO. —Célala, moro, ni un
punto dejes de guardarte:
burló a su padre, y bien podría engañarte.

Se van **DUX, SENADORES, OFICIALES,** *etc.*

OTELO. —¡Respondo de su fe con alma y vida!
Buen Yago, a mi Desdémona te dejo:

te ruego que le des por compañera
a tu mujer; y llévalas cuanto antes
a Chipre, do te espero. Ven, Desdémona:
una hora sola que gastar me resta
de amor contigo en pláticas sabrosas,
y en mundanos domésticos asuntos:
es fuerza obedecer la ley del tiempo.

Se van **OTELO** *y* **DESDÉMONA.**

RODRIGO. —Yago.

YAGO.— ¿Qué dices, noble corazón?

RODRIGO. —¿Qué piensas que haré yo?

YAGO. —Pues irte a la cama y dormir.

RODRIGO. —Voy al punto a ahogarme.

YAGO. —Si tal haces dejaré de ser tu amigo.
¡Oh galán sin seso!

RODRIGO. —No tener seso es vivir cuando vivir es
padecer; y tenemos la receta de morir cuando la
muerte es nuestro médico.

YAGO. —¡Qué herejía! He contemplado el mundo
por espacio de cuatro veces siete años; y desde que
pude distinguir un favor de un disfavor, no he hallado nunca a un hombre que supiera quererse bien
a sí mismo. Antes que decir que me iba a ahogar por
amor de una polluela, trocara de ser con un mono.

RODRIGO. —¿Qué quieres que haga? Confieso que
es una vergüenza estar tan enamorado; pero no
alcanza mi virtud a remediarlo.

YAGO. —¡Virtud! ¡Bobada! En nuestra mano está el ser así o de otro modo. Nuestros cuerpos son como huertos, cuyos hortelanos son nuestros albedríos; de suerte que si queremos plantar ortigas, o sembrar lechugas, criar hisopo, o escardar tomillo, enriquecer la tierra con una sola especie de yerbas, o empobrecerla con muchas, para mantenerla estéril con el ocio, o abonada con la industria, el poder y la autoridad correctiva existen en nuestro albedrío. Si la balanza de nuestras vidas no tuviera el platillo de la razón para equilibrar el de la sensualidad, la sangre y la bajeza de nuestros instintos nos llevarían a cometer los mayores absurdos; pero poseemos la razón con que templar nuestras airadas pasiones, nuestros impulsos carnales, nuestros apetitos desenfrenados, de los cuales, tengo para mí, lo que tú llamas amor no es sino un retoño o vástago.

RODRIGO. —No puede ser.

YAGO. —No es más que un deseo de la sangre y una tolerancia del albedrío. Vamos, sé hombre. ¡Ahogarte! Ahoga gatos y cachorros ciegos. Me tengo por amigo tuyo, y me declaro ligado a tu merecimiento con maromas de tenacísima firmeza; nunca me hallé en estado de ayudarte como ahora. Échate dinero en el bolsillo; vente con nosotros a la guerra; disfraza tu cara con una barba postiza; échate dinero en el bolsillo, te digo. Es imposible que Desdémona siga por mucho tiempo enamorada del moro —échate dinero en el bolsillo ni él de ella: su amor tuvo un comienzo violento, y verás como el desenlace corresponde al principio; —pero échate tú dinero en el bolsillo. Estos moros son de condición mudable:— llénate el bolsillo de dinero —el manjar que ahora le sabe dulce como la algarroba, pronto le sabrá amargo como la coloquíntida. Siendo ella joven, es forzoso que mude: en cuanto se haya hartado de él, verá la locura de su elección; por fuerza ha de mudar, por fuerza; así, échate dinero en el bolsillo. Si te empeñas en irte al infierno, hazlo de un modo más distinguido que con ahogarte. —Hazte de todo el dinero que pudieres;— si la bendición del cura y un frágil voto empeñado entre un salvaje errante y una astutísima veneciana no fuesen demasiado tenaces para mi ingenio y toda la legión del infierno, la gozarás. —Por tanto, hazte de dinero— ¡Al diablo el ahogarte! ¡Pues no vas poco desencaminado! Trata más bien de que te cuelguen después de haberla gozado que de ahogarte sin lograrla.

RODRIGO. —¿No defraudarás mis esperanzas, si me aventuro a ello?

YAGO. —Cuenta conmigo. —Ve, hazte de dinero.— Te lo he dicho mil veces, y te lo volveré a decir otras mil: odio al moro; tengo motivo fundado, y el tuyo no lo es menos. Pongámonos de acuerdo para vengarnos de él; si logras ponerle cuernos, te darás a ti mismo un gusto, y a mí una diversión. Hay muchos sucesos en las entrañas del tiempo que habrán de

ser paridos. —Disfrázate; ve, provéete de dinero.—
Seguiremos tratando de esto mañana. Adiós.

RODRIGO. —¿Dónde nos encontraremos
por la mañana?

YAGO. —En mi posada.

RODRIGO. —Estaré contigo temprano.

YAGO. —Bien: Dios te guarde. —¿Oye, Rodrigo?

RODRIGO. —¿Qué quieres?

YAGO. —Nada de ahogarse: ¿lo oyes?

RODRIGO. —He mudado de intento; voy
a vender toda mi hacienda.

YAGO. —Bueno: vete, y échate dinero
abundante en el bolsillo.

(*Se va* **RODRIGO**).

Así convierto a un tonto en bolsa mía;
pues fuera profanar tanta experiencia
como adquirí en el mundo, si gastara
con un chorlito tal paciencia y tiempo
sin gusto ni provecho. Yo odio al moro;
dicen malas lenguas que en mi cama
mi oficio ejecutó; no sé si es cierto;
mas yo en tal caso por sospechas obro
cual si fueran verdad. Me tiene en mucho;
mejor; más fácil me será enredarle.
Casio es buen mozo. —Vaya, discurramos.
¿Qué haría yo para alcanzar su empleo,
saciando mi ambición con golpe doble?
—¿Qué hacer? ¿Qué hacer? Pensémoslo; veamos:
al cabo de algún tiempo, en los oídos

de Otelo ir susurrando que ya es mucha
la intimidad que con su esposa tiene;
son sospechosos su persona y trato,
propios a seducir a las mujeres:
el moro es hombre de alma noble y franca,
honrado juzga al que parece serlo,
y del hocico dejará llevarse
con la blandura misma que un pollino.
Lo tengo; está engendrado. A luz del día
lo abortarán infierno y noche impía.
(*Se va*).

SEGUNDO ACTO

PRIMERA ESCENA

Un puerto de Chipre. Una plaza grande cerca del muelle.

Entran **MONTANO** *y dos* **CABALLEROS**.

MONTANO. —¿Qué en alta mar se avista
  desde el cabo?

CABALLERO 1o. —Nada descubro:
  la tormenta arrecia,
  y entre el cielo y el piélago no logro
  ver una sola vela.

MONTANO. —Se me antoja
  que sopla en tierra rudamente el viento:
  no sacudió jamás nuestras murallas
  más fuerte temporal. Si ha alborotado
  del mismo modo en alta mar, ¿qué quilla
  de roble habrá que en trozos mil no salte,
  cuando sobre ella montes se derriten?
  ¿Qué resultas tendrá?

CABALLERO 2o. —Sin duda alguna
la dispersión de la turquesca armada:
pues acercan a la espumosa orilla;
las fieras olas a las nubes suben,
del viento sacudida, la onda arroja
al parecer su líquida melena
rugiente, enorme sobre la osa ardiente,
cual si apagar quisiera los fanales
del polo siempre fijo. No vi nunca
perturbación igual en mar airado.

MONTANO. —Pues si no se ha ensenado
en puerto o cala
la armada turca, ha zozobrado cierto:
es imposible que se tenga a flote.

Entra otro **CABALLERO.**

CABALLERO 3o. —Nuevas, amigos:
acabó la guerra.
la airada tempestad zurró a los turcos
con furia tal, que cejan en su empeño.
Una gallarda nave de Venecia
vio naufragar, y en desastre completo,
la mayor parte de su armada.

MONTANO. —¿Es cierto?

CABALLERO 3o. —La nave ya aportó;
y es veronesa.
Ya echó pie a tierra un cierto Miguel Casio;
teniente del bizarro moro Otelo.
El moro mismo está embarcado y viene
con rumbo a Chipre con poderes amplios.

MONTANO. —Digno gobernador, me
  alegro mucho.

CABALLERO 3o. —Pero este Casio, aunque
  habla tan contento
  del daño de los turcos, está triste,
  y al cielo pide que se salve el moro,
  pues separóles tempestad violenta.

MONTANO. —Dios le valga. A sus órdenes estuve;
  y el hombre manda como buen soldado.
  Vámonos a la playa, con objeto
  de ver la nave que de entrar acaba,
  y escudriñar el mar, de Otelo en busca,
  aun hasta el punto en que su seno frío
  con el etéreo azul se funde en uno.

CABALLERO 3o. —Partamos, pues;
  que a cada breve instante
  hay que esperar algún arribo nuevo.

Entra **CASIO.**

CASIO. —Gracias, valientes de esta fuerte isla,
  que tanto al moro aman. Benigno el cielo
  contra los elementos déle amparo,
  pues lo perdí de vista en mar temible.

MONTANO. —¿Lleva buen bastimento?

CASIO. —Su navío
  está bien carenado, y su piloto
  es navegante experto y competente.
  Por tanto, mi esperanza todavía,
  aún no herida de muerte, admite cura.

VOCES. *(Adentro).* —¡Una vela!, ¡una vela!

Entra otro **CABALLERO.**

CASIO. —¿A qué ese ruido?

CABALLERO 2o. —El pueblo está desierto,
y en la playa
amontonada está la gente y grita:
¡Una vela!

CASIO. —Me dice la esperanza
que es el gobernador. *(Se oyen disparos).*

CABALLERO 2o. —¿No oyen la salva?
Amigos son al menos.

CASIO. —Yo les suplico
que se informen quién es el que ha llegado.

CABALLERO 2o. —Al punto voy. *(Se va).*

MONTANO. —Dime, mi teniente:
¿Está casado tu jefe, el moro?

CASIO. —Y con gran suerte; pues logró una dama
que en vano a describir la fama aspira;
supera en hermosura los elogios
de lisonjeras plumas, y en riqueza
de naturales galas vence al arte.

Vuelve a entrar el **CABALLERO 2o.**

Dinos, ¿quién ha arribado?

CABALLERO 2o. —Es un tal Yago,
del general alférez.

CASIO. —Ha tenido
rápida y favorable travesía.
Las tempestades y los gruesos mares,
los vientos bramadores, las arenas
amontonadas, y las rocas buídas,
traidores encubiertos para daño
de la inocente quilla, cual si tuvieran
sentido de lo bello, un breve instante
su natural mortífero olvidando,
dejaron a Desdémona divina
libre y seguro el paso.

MONTANO. —¿Y quién es ella?

CASIO. —La de quien te hablé, la capitana
de nuestro capitán, quien al cuidado
dejó su conducción del bravo Yago
cuya llegada aquí anticipa al menos
en siete días nuestras esperanzas.
Gran Dios, a Otelo ampara, y con tu soplo
omnipotente su velamen hincha,
y haz que bendiga su gallarda nave
pronto esta playa, y como amante tierno
en brazos de Desdémona suspire,
avive el fuego en nuestras almas tibias,
y alivio a Chipre dé.

Entran **DESDÉMONA, EMILIA, YAGO,
RODRIGO** *y acompañamiento.*

¡Miren, mírenla!
A tierra echó la nave sus riquezas;
nobles de Chipre, hínquense humildes;

salve, señora, y que el amor del cielo
por todas partes sin cesar te siga
y te rodee.

DESDÉMONA. —Valiente Casio, gracias.
¿Qué nuevas puedes darme de mi esposo?

CASIO. —Aún no ha llegado: sólo sé decirle
que se halla bien y que estará aquí en breve.

DESDÉMONA. —No obstante, temo. ¿Cómo se
separaron?

CASIO. —Del cielo y de la mar la fiera lucha
nos separó.

Voces adentro: "¡Una vela! ¡Una vela!"
Se oyen disparos.

¿No escuchan? Es una vela.

CABALLERO 2o. —A la playa tributa su saludo.
También amigos son.

CASIO. —Vean qué hay de nuevo.

Se va un **CABALLERO**.

Alférez, bienvenido; y tú, señora. (*A* **EMILIA**).
Buen Yago, no te apure la paciencia
la libertad que tomo: mi crianza
tolera tan cortés atrevimiento. (*Besa a* **EMILIA**).

YAGO. —Si te regalara con sus labios tanto
como a mí con su lengua muchas veces,
estuvieras harto.

DESDÉMONA. —No se le oye apenas.

YAGO. —De sobra a fe. Yo bien lo advierto cuando
me acosa el sueño. Cuando está presente
su Merced, sin duda se domina
y con el pensamiento sólo riñe.

EMILIA. —¡Cual si tuvieras tu razón de queja!

YAGO. —Calla: dechados son fuera de casa;
sonajas en la sala; en la cocina
gatas montesas; cuando hacen agravio,
santas; cuando ofendidas, diablos; tardas
en el menaje, y en la cama activas.

DESDÉMONA. —¡Calumniador!

YAGO. —Es cierto lo que digo:
te levantas para jugar, y al lecho
te vas a trabajar, y te viene estrecho.

EMILIA. —No escribirás mi elogio.

YAGO. —No, más vale.

DESDÉMONA. —¿Qué escribieras de mí si me
elogiaras?

YAGO. —No me retes a duelo tal, señora,
pues nada soy si criticar no puedo.

DESDÉMONA. —Vamos, prueba.
¿Fue alguno al puerto?

YAGO. —Fue.

DESDÉMONA. —No estoy alegre;
es que tan sólo escondo
bajo aparente gozo mi zozobra.
Sepamos qué dirás en mi alabanza.

YAGO. —Lo estoy pensando; pero mi inventiva
como liga de frisa se desprende
de mi cabeza: arranca seso y todo.
Mi musa está de parto, y esto pare.
"Si es de alba tez y lista, su hermosura
engendra gozo que discreta apura".

DESDÉMONA. —No es mal elogio.
¿Y si es morena y lista?

YAGO. —"Siendo morena y lista, esté segura
que a un blanco hechizará su donosura".

DESDÉMONA. —¡Peor, peor!

EMILIA. —¿Y si es hermosa y necia?

YAGO. —"Jamás fue necia la que fuera hermosa;
pues la más necia logra ser esposa".

DESDÉMONA. —Ésas son viejas paradojas de mal
gusto con que se divierten los tontos en las taber-
nas. ¿Qué miserable elogio tendrás para la que es
fea y necia?

YAGO. —"Ninguna hay a la vez tan necia y fea
que al fin de amor no triunfe en la pelea".

DESDÉMONA. —¡Oh crasa ignorancia! Elogias más
a la que menos vale. Pero ¿qué elogio tributarás a
la buena mujer, la cual, con la autoridad de su virtud, obligara a la malicia misma a reconocer su
bondad?

YAGO. —"La que fue hermosa siempre,
y nunca vana,
que tuvo lengua y no de usarla gana,
que, rica, no gastó lujoso arreo,

que tuvo la ocasión y no el deseo,
la que ofendida, y la venganza a mano,
guardó la ofensa y no rencor insano,
la que jamás trocó con ligereza
la cola del salmón por la cabeza,
medita mucho y loca no delira,
ve que la siguen y hacia atrás no mira,
fuera, si se encontrara, asaz discreta".

DESDÉMONA. —Y ¿en qué la emplearías?

YAGO. —En criar necios y en hacer calceta.

DESDÉMONA. —¡Oh tristísima e impotente conclusión! Emilia, no te dejes guiar por él aunque sea tu marido. ¿Qué dices, Casio? ¿No es por demás profano y desvergonzado este hablador?

CASIO. —Habla claro, señora: te agradará más como soldado que como letrado. (**DESDÉMONA** *y* **CASIO** *hablan aparte*).

YAGO. (*Aparte*). —(La coge de la mano: bien, bien; cuchicheen; me basta esa pequeña red para entrampar a una mosca tan grande como Casio. Mírala y sonríete, anda; ya te sabré coger en el lazo de tu propia galantería. Tienes razón; en efecto, así es. Si con tales mañas consigues perder tu empleo de teniente, más te valiera no haber besado tantas veces tus tres dedos, con los cuales estás a punto de volver a hacer el galante. ¡Magnífico!: bien besado, ¡brava cortesía! Así es, en efecto. Y vuelta con llevar los dedos a la boca. Por causa tuya quisiera que fueran tubos de jeringa.) (*Suena una trompeta*). El moro. Conozco su señal.

CASIO. —Él es de seguro.

DESDÉMONA. —Salgamos a su encuentro a
recibirlo.

CASIO. —Vean donde viene.

Entran **OTELO** *y acompañamiento.*

OTELO. —¡Oh mi guerrera hermosa!

DESDÉMONA. —¡Otelo mío!

OTELO. —Grande cual mi contento es mi sorpresa
al verte aquí tan pronto. ¡Oh dicha mía!
Si a toda tempestad tal calma sigue,
vientos, soplen y despierten a la muerte,
naves, suban los cerros de las olas
altas como el Olimpo, y sumérjanse
luego en el seno de profundas simas
hondas como el infierno ¡Ay, si muriera,
feliz en este instante moriría!
Mi pecho está tan colmo de ventura,
que temo que el destino misterioso
otra como ésta para mí no guarda.

DESDÉMONA. —¡Ay, no permita Dios
que nuestra suerte
y nuestro amor no crezcan a medida
que aumenten nuestros años!

OTELO. —¡Dios lo quiera!
Me falta aliento para dicha tanta;
me roba el habla: es por demás mi gozo.
¡Ah, sean las mayores disonancias
que entre nosotros suenen estos besos! *(La besa).*

YAGO. (*Aparte*). —(Están aún bien
templados; pero pronto,
honrado y todo, aflojaré las llaves
que templan esta música.)

OTELO. —Partamos:
vámonos al castillo. Amigos míos,
no hay guerra ya; los turcos perecieron.
Digan: a mis antiguos camaradas,
¿qué tal les va? —Mi bien, tendrás en Chipre
buena acogida. Gran merced me hicieron.
Hablo sin ton ni son, amada mía;
tanta felicidad me vuelve loco.
Buen Yago, te lo ruego, ve a la playa;
mis cofres desembarca, y al castillo
lleva al piloto, que es marino diestro
y es menester premiar su valentía.
Desdémona, ven, y bien hallada,
una vez más, en la guerrera Chipre.

Se van **OTELO, DESDÉMONA**
y acompañamiento.

YAGO. (*A solas con* **RODRIGO**). —Ve en seguida al
puerto, y espérame allí. Ven acá. Si eres valiente (y
dicen que hasta los cobardes, cuando están enamorados, adquieren bríos que no les son propios),
escucha. El teniente estará de guardia esta noche
en el patio del castillo; —pero ante todo es menester que te diga que Desdémona está perdidamente
enamorada de él.

RODRIGO. —¿De él? ¡Imposible!

YAGO. —Pon el dedo así,[1] y déjate aconsejar. Piensa con qué vehemencia se enamoró del moro, sólo porque éste, para echárselas de valiente le contó cuatro mentiras fantásticas. Y ¿crees tú que seguirá amándolo por su charla? Sé discreto y desengáñate. Sus ojos piden halago: ¿y qué deleite podrá hallar en contemplar al demonio? Cuando la sangre se entibia a fuerza de gozar, ha menester, para volver a encenderse y dar a la saciedad nuevo apetito, hallar belleza en las formas, simpatía en los años, costumbres y encantos; de cuyas condiciones todas carece el moro. Luego, por falta de estos necesarios requisitos, su tierna sensibilidad se sentirá engañada; empezará a suspirar, le tomará repugnancia, y acabará aborreciendo al moro; la misma naturaleza la enseñará, y la obligará a hacer nueva elección. Pues bien, sentado esto, —que no es sino una hipótesis por demás evidente y natural— ¿quién está tan cerca de lograr esa dicha como Casio? El tunante es listo en extremo; no tiene más conciencia que la que es menester para aparentar un exterior civil y afable, a fin de satisfacer más fácilmente sus lascivos, ocultos y locos deseos. Nadie, nadie; es un tunante de lo más sutil y tramposo que puede hallarse; sabe aprovechar las ocasiones como nadie; sus ojos descubren y falsifican favores que en realidad no existen; es la misma piel del

---

[1] Llevándose un dedo a los labios, en señal de silencio.

diablo. Además, el tunante es guapo, joven, y posee todos aquellos requisitos por que se afanan la liviandad y el poco seso; él es un pícaro redomado, y ella ya le ha echado el ojo.

RODRIGO. —No puedo pensar tan mal de ella; es de condición virtuosísima.

YAGO. —¡Virtuosísimas narices! El vino que bebe es zumo de uvas; si fuera virtuosa, no se habría enamorado del moro. ¡Dale con la virtud! ¿No viste cómo le tecleaba la palma de la mano? ¿No lo notaste?

RODRIGO. —Sí que lo noté; pero lo hizo por cortesía.

YAGO. —Por lujuria, pongo la mano en el fuego: no fue sino un índice y oscuro prólogo de la historia de su lascivia y livianos pensamientos. Juntaron tanto sus labios que sus alientos se abrazaban. Abrigan pensamientos livianos, Rodrigo. Cuando estas intimidades empiezan a despejar el camino, muy de cerca las sigue, definitiva, la conclusión carnal. Calla, y déjate guiar por mí; yo soy quien te trajo de Venecia. Montarás guardia esta noche; yo te designaré tu puesto. Casio no te conoce. Yo no estaré lejos. Busca tú alguna ocasión de enojar a Casio, ya sea hablando demasiado alto, ya criticando su disciplina, o bajo cualquier otro pretexto de que en un momento dado pudieras echar mano.

RODRIGO. —Bien.

YAGO. —Es de genio muy vivo, y se enfada pronto, y fuera fácil que te pegara; provócalo con tal objeto;

pues me basta esa reyerta para hacer que se amotinen estos chipriotas, los cuales no se apaciguarán hasta haber logrado la destitución de Casio. De esta suerte acortarás el camino que te ha de conducir al logro de tus deseos, merced a los medios que tendré para favorecerte; y lograremos vencer el estorbo, sin cuyo vencimiento no tendríamos esperanza de éxito.

RODRIGO. —Lo haré, si la ocasión me fuera favorable.

YAGO. —No lo dudes. Te espero luego en la ciudadela. Es menester que traiga su equipaje a tierra. Dios te guarde.

RODRIGO. —Adiós. (*Se va*).

YAGO. —Tengo por cierto que la adora Casio;
y es lógico y probable que ella lo ame.
Por más que lo aborrezco, es hombre el moro
de amable condición, constante y noble,
y hallará en él Desdémona, sin duda,
un tierno esposo. A fe, yo también la quiero;
no con lascivo intento —aunque el pecado
tal vez menor no sea en que ahora incurro
más bien por dar sustento a mi venganza,
porque sospecho que el lascivo moro
anduvo en mi cercado; cuya idea
como un veneno mis entrañas roe;
y nunca me daré por satisfecho
hasta lograr cumplida mi venganza,
esposa por esposa; o a falta de eso,

he de tratar de atormentar al moro
con celos tan feroces, que no logre
curarle la razón. Con cuyo objeto,
—si es que este pobre galgo de Venecia,
que adiestro ahora porque caza presto,
la pista sigue— agarro por la nuca
a Miguel Casio, y lo delato al moro
por seductor infame —pues confieso
que temo a Casio aun con mi propia esposa
haré que el moro agradecido me ame,
y a más me premie por lograr astuto
hacerle hacer papel de burro insigne,
y turbar su quietud y su reposo
hasta volverlo loco. —Aquí lo tengo;
en cierne, y aún confuso: la vileza
sólo en acción descubre su torpeza.
(*Se va*).

SEGUNDA ESCENA
Una calle.

Entra un **HERALDO** *con una proclama;
el pueblo lo sigue.*

HERALDO. —Es la voluntad de Otelo, nuestro noble
y valiente general, que en vista de las fidedignas
noticias que acaban de ser recibidas, anunciando
la completa pérdida de la armada turca, dé libre
vuelo cada cual a su júbilo, unos bailando, otros

encendiendo hogueras, o bien con la diversión y regocijo que a cada cual le sugiera su inclinación; pues, a más de tan fausto suceso, celebra hoy sus nupcias. Esto es lo que por su mandato se proclama. Todas las salas del castillo estarán abiertas, y hay completa libertad para festejar desde la hora presente de las cinco hasta que la campana haya repicado las once. Dios guarde la isla de Chipre y a nuestro noble general Otelo. *(Se van).*

TERCERA ESCENA

Una sala del castillo.

Entran **OTELO, DESDÉMONA, CASIO**
y acompañamiento.

OTELO. —Mi buen Miguel, atiende tú a la guardia
del castillo esta noche: practiquemos
la saludable máxima que enseña
a poner freno al gozo.

CASIO. —Ya di a Yago
las oportunas órdenes; no obstante,
con estos ojos velaré por todo.

OTELO. —Yago es honrado en extremo. Casio,
buenas noches: Mañana a primer hora
tengo que hablarte. —Ven, amor mío:
sigue a la compra el goce de la hacienda:
y aún no gozamos de ella, dulce prenda.
Buenas noches.

Se van **OTELO, DESDÉMONA** *y acompañamiento.*
Entra **YAGO.**

CASIO. —Bienvenido, Yago: es fuerza acudir a la guardia.

YAGO. —Falta una hora todavía, mi teniente; aún no son las diez. El general nos ha abandonado tan pronto por amor de su Desdémona; y no se lo podemos tomar a mal, pues aún no ha pasado la noche con ella, y a fe que es digna de Júpiter.

CASIO. —Es una mujer deliciosa.

YAGO. —Y apostaré la cabeza que es más retozona que un cabrito.

CASIO. —En verdad que no puede ser más fresca ni más delicada.

YAGO. —¡Qué ojos tiene! Parecen un cartel de desafío.

CASIO. —Sí; tiene ojos que convidan; y sin embargo, su mirada es asaz modesta.

YAGO. —Y cuando habla, ¿no suena su voz como un llamamiento al amor?

CASIO. —A fe que es la perfección misma.

YAGO. —¡Dios bendiga su tálamo! Ven, mi teniente; tengo un barrilito de vino, y allá fuera hay un par de galanes de Chipre que de buena gana vaciarán una botella a la salud del negro Otelo.

CASIO. —Esta noche no, buen Yago; tengo una cabeza desdichada para la bebida. ¡Ojalá inventara la cortesanía otro modo de entretenerse!

YAGO. —¡Bah!, son amigos nuestros; una copa nada más, yo beberé por ti.

CASIO. —No he bebido esta noche más que una sola copa, y ésa bastante aguada, y mira qué novedad produce en mí; desgraciadamente tengo esa debilidad, y no me atrevo a cargar mis débiles fuerzas con más.

YAGO. —Calla, es noche de broma; esos galanes lo desean.

CASIO. —¿Dónde están?

YAGO. —Allá afuera. Diles que entren, te lo pido.

CASIO. —Lo haré; pero lo hago de mala gana.

(*Se va*).

YAGO. —Si logro hacerlo beber alguna copa,
con lo que ya ha bebido por la tarde
se pondrá pendenciero y más rabioso
que un gozquecillo. El buen Rodrigo, el asno,
a quien amor ha trastornado el juicio,
ha libado esta noche largo y hondo
a la salud de su gentil Desdémona;
a él le toca la guardia. Tres galanes
chipriotas, bravos mozos y valientes,
celosos de su honor, la flor y nata
de la guerrera Chipre, cuyos cascos
he calentado ya con sendas copas,
están también de guardia. Entre esta trinca
de borrachos haré que, loco, Casio
cometa alguna acción que a la isla agravie.
Mas calla, que aquí vienen. —Si propicio

favor me presta el éxito, mi idea
navegará con viento y con marca.

Vuelve a entrar **CASIO** *con* **MONTANO** *y otros*
CABALLEROS; *llegan* **CRIADOS** *con vino.*

CASIO. —¡Por vida!... ya me han dado un meneo.

MONTANO. —Bien poca cosa ha sido: una botella
escasa, a fe de soldado.

YAGO. —¡Hola; vino acá! *(Canta).*

Las copas choquen; retintín,
las copas choquen; retintín,
el soldado es mortal,
y la lid es fatal;
beba, pues, el soldado sin fin.

¡Vino, muchachos!

CASIO. —¡Brava canción, vive Dios!

YAGO. —La aprendí en Inglaterra, en donde, a fe,
hay valientes bebedores. El danés, el alemán y el
panzudo holandés —¡vino acá!— nada valen com-
parados con el inglés.

CASIO. —¿Acaso es tan experto bebedor el inglés?

YAGO. —Con la mayor facilidad te dejará al danés
debajo de la mesa; no ha menester sudar para tum-
bar al alemán; y antes de vaciar otra botella, hará
echar las tripas al holandés.

CASIO. —¡A la salud del general!

MONTANO. —Estoy contigo, mi teniente, y te
haré justicia.

YAGO. —¡Oh dulce Inglaterra! *(Canta).*

> *Esteban fue un rey noble y caballero;*
> *costábanle sus calzas un doblón;*
> *dolíale el gastar tanto dinero,*
> *y regañaba al sastre por ladrón.*

> *Él fue un monarca grande y poderoso;*
> *tú no eres sino un mísero gañán;*
> *más de uno se perdió por orgulloso;*
> *ponte, pues, el capotón de barragán.*

¡Hola! ¡Vino acá!

CASIO. —Esta canción es mejor que la otra.

YAGO. —¿La quieres oír otra vez?

CASIO. —No; porque creo que quien tales cosas hace es indigno de su empleo. Lo dicho: Dios está sobre todo; hay almas que se salvarán y almas que no se salvarán.

YAGO. —Dices verdad, mi teniente.

CASIO. —Por mi parte, sin ofender al jefe, ni a ninguna persona principal, espero que me salvaré.

YAGO. —Yo también lo espero, mi teniente.

CASIO. —Sí, pero con tu permiso, no primero que yo; es menester que el teniente se salve antes que el alférez. —Basta ya de eso. Cada cual a su puesto.— ¡Perdónanos nuestros pecados! —Caballeros, a nuestros negocios. No piensen, señores, que estoy borracho: éste es mi alférez; ésta es mi mano derecha, y ésta es mi mano izquierda; no estoy borracho, les digo; ya ven que ando bien, y hablo bastante acorde.

TODOS. —Perfectamente.

CASIO. —Pues sí, perfectamente. No piensen, pues, que estoy borracho. (*Se va*).

MONTANO. —Vamos a la explanada a montar guardia.

YAGO. —¿Ves a ese mozo que se fue ahora mismo?
Digno es de estar al lado del gran César,
y de mandar. Ya ves que vicio tiene;
y ése es de su virtud el equinoccio.
Los dos iguales son: ¡lástima grande!
Temo que a Chipre pueda ser funesta
la confianza que en él pone Otelo,
si en hora desdichada por ventura
le diera el mal.

MONTANO. —¿Sucede con frecuencia?

YAGO. —Todas las noches antes de ir al lecho.
Será capaz de no cerrar los ojos
en horas veinte y cuatro, si no mece
su sueño la bebida.

MONTANO. —Fuera bueno
dar oportuno aviso a tu jefe.
Tal vez no lo advirtió; tal vez estima
tan sólo la virtud que advierte en Casio
y en su bondad disculpa sus errores.
¿No es cierto lo que afirmo?

Entra **RODRIGO.**

YAGO. *(Aparte a* **RODRIGO**). —¿Qué hay, Rodrigo?
Corre tras el teniente; pronto, vamos.

Se va **RODRIGO.**

MONTANO. —Es de sentir, a fe, que el noble moro
confíe a un hombre a quien domina el vicio
el importante cargo de segundo.
Fuera loable acción hablarle al moro.

YAGO. —A fe, no seré yo quien se lo diga;
pues quiero a Casio, y cualquier cosa hiciera
para curarle. ¡Calla! ¿Oyes qué ruido?

VOCES. *(Adentro).* —¡Favor! ¡Favor!

Vuelve a entrar **CASIO** *persiguiendo*
a **RODRIGO.**

CASIO. —¡Ah pícaro, tunante!

MONTANO. —¿Qué hay, teniente?

CASIO. —¿A mí darme lecciones un villano?
Le he de matar a palos, ¡vive el cielo!

RODRIGO. —¡Palos a mí!

CASIO. —Tunante, ¿aún me contestas?

Pega a **RODRIGO.**

MONTANO. —¡Por Dios, detén la mano, mi teniente!

CASIO. —¡Déjame, te digo, o te cruzaré la cara!

MONTANO. —Estás borracho.

CASIO. —¿Yo, borracho? *(Riñen)*.

YAGO. *(Aparte a* **RODRIGO**) —Corre,
y grita por doquier "¡motín, alarma!"

Se va **RODRIGO**.

Por Dios, teniente —que haya paz, hidalgos.
¡Favor! ¡Favor! —Montano; mi teniente,
¡favor, señores! ¡Buena guardia hacemos!

(Se oye una campana tocar a rebato).

¿Quién toca la campana? —¡Voto al diablo!
¡Querrán alborotar al pueblo entero!
Por Dios, detente, teniente, que es vergüenza;
te pierdes para siempre.

Entra **OTELO** *con acompañamiento*.

OTELO. —¿Qué sucede?

MONTANO. —Yo me desangro,
estoy de muerte herido.

(Se desmaya).

OTELO. —¡Deténganse, por vida suya!

YAGO. —¡Mi teniente,
detente! —¡Señor Montano; caballeros!
¿Así olvidan lo que el deber exige?
Deténganse; el general es quien les habla.

OTELO. —¿Qué ocurre aquí? ¿De qué nació
la riña?
¿Somos turcos, acaso, y nos hacemos
con nuestras propias manos lo que el cielo
no permitió que hiciera el otomano?
Si son cristianos, pongan al punto freno
a su enojo bárbaro: el primero
que ose blandir el hierro, o dar un paso,
pagará con su vida su osadía.
Que calle esa fatídica campana,
que arrebata el sosiego a la isla entera.
Hidalgos, ¿qué sucede? Honrado Yago,
pálido estás de pena: dilo todo.
¿Quién empezó? De tu lealtad lo exijo.

YAGO. —Lo ignoro. Amigos eran ha un instante,
tan cariñosos como novio y novia
cuando a acostarse van, y de repente
(cual trastornados por algún planeta)
desnudan las espadas y se embisten
en contienda mortal. Decir no puedo
cómo empezó reyerta tan extraña.
¡Perdiera yo en alguna acción gloriosa
luchando como bueno entrambas piernas
que a tomar parte en ella me llevaron!

OTELO. —¿Qué ligereza, Casio, fue la tuya?

CASIO. —Te ruego, perdóname; hablar no puedo.

OTELO. —Solías ser civil, digno Montano;
en tu juventud el mundo te otorgaba
fama de hombre prudente y comedido,

y andaba en boca de los más sesudos
honrado ese tu nombre: ¿qué sucede
para que así empañes el claro brillo
de tal reputación, ganando fama
de reñidor nocturno y pendenciero?
¿Qué cambio es éste? Responde al punto.

MONTANO. —Ilustre Otelo, me hallo mal herido;
Yago, tu oficial, podrá informarte
(en tanto que yo callo, pues me duele
el mucho hablar) de cuanto sé, e ignoro
que haya podido cometer ofensa
con obra o de palabra en esta noche;
a menos que no sea falta o crimen
el conservar la vida, y defenderse
contra violento ataque.

OTELO. —¡Vive el cielo!
Mi sangre empieza ya a regir mi juicio,
y la pasión, cegando mi templanza,
quiere usurpar el mando. Si me altero,
si sólo llego a levantar el brazo,
humillaré de un tajo al más valiente.
Digan cómo empezó la vil reyerta:
¿Quién promovió la lucha? ¡Ay del culpable!
Aunque mi hermano fuera, mi mellizo,
me perderá por siempre. ¿Están dementes?
Aquí en la fortaleza, cuando aún se oye
ronco bramar el eco de la guerra,
cuando los corazones de la gente
colmos de miedo están, ¿venir ahora
la misma guardia a perturbar el orden,

de noche, con rencillas y quimeras?
¡Es inaudito! Dime al punto, Yago,
¿quién promovió la lid?

MONTANO. —Si en sólo un punto,
por ser tu amigo Casio y compañero,
faltas a la verdad, no eres soldado.

YAGO. —No me pongas en tan fatal apuro.
Primero que ofender a Miguel Casio,
la lengua me arrancara de la boca.
No obstante, tengo para mí que en nada
te perjudico la verdad diciendo.
Así pasó, mi general: estando
el buen Montano en plática conmigo,
un mozo se acercó favor pidiendo,
de Casio perseguido, espada en mano,
con fiero intento; cuando se interpuso
este hidalgo, y pidió cortés a Casio
que se tuviera. Yo seguí la huella
del que chillaba, porque no asustara
(cual sucedió por fin) el pueblo a voces;
mas, ligero de pies, burló mi intento,
y yo volvíme al punto, habiendo oído
choque y rumor de espadas, y de Casio
el renegar violento, cosa extraña
y nunca oída en él hasta esta noche.
Cuando volví (pues breve fue mi ausencia)
hallé trabada la pendencia entre ellos
a tajo y a revés, del mismo modo
que luego cuando tú los separaste.

Más sobre el caso no sabré decirte.
Los hombres, hombres son, y los más justos
suelen pecar a veces; pues aunque Casio
le hizo algún daño, a guisa del que pega
en su locura a su mejor amigo,
seguro estoy que recibió él primero
del fugitivo ofensa tal, que nunca
bastara la paciencia a soportarla.

OTELO. —Tu afecto, Yago, y tu valor te mueven
a atenuar el hecho, disculpando
la cólera de Casio. —Casio, te tengo afecto;
mas ya no puedes ser teniente mío.

Entra **DESDÉMONA** *con acompañamiento.*

Vean, a mi amada despertó el tumulto.
Haré en ti un ejemplo.

DESDÉMONA. —¿Qué sucede?

OTELO. —Todo acabó, mi bien; vamos al lecho.
En cuanto a tu herida, buen hidalgo,
en mí hallarás un médico. Llévenlo.

Se llevan algunos a **MONTANO.**

Yago, recorre la ciudad, y trata
de apaciguar al pueblo, al que la riña
alborotó. —Desdémona, partamos.
Tal es, mi bien, del militar la vida;
en lo mejor del sueño, una asonada
viene a turbarle la quietud preciada.

Se van todos menos **YAGO** *y* **CASIO**.

YAGO. —¿Estás herido, mi teniente?

CASIO. —Sí tal; y no hay cirujano capaz de sanarme.

YAGO. —¡No lo permita Dios!

CASIO. —¡Reputación, reputación, reputación! ¡Ay, he perdido mi reputación! He perdido la parte inmortal de mi ser, y lo que queda es bestial. ¡Mi reputación, Yago, mi reputación!

YAGO. —A fe de hombre honrado, pensé que habías recibido alguna herida corporal, lo cual importaría más que la reputación. La reputación no es sino una vaga y engañosísima impostura, que, no pocas veces, se adquiere sin mérito y se pierde sin culpa. No has perdido reputación alguna, a menos que tú mismo la juzgues perdida. ¡Ánimo, hombre! Hay medios para volver a captar la buena voluntad del general. No ha hecho más que relegarte en un momento de cólera; cuyo castigo te impone más por política que por malicia; como cuando pega uno a un perro inofensivo con objeto de asustar a un fiero león; vuelve a suplicarle, y será tuyo.

CASIO. —Le suplicaré que me desprecie antes que engañar a tan buen jefe con un oficial tan liviano, tan borracho y tan indiscreto como yo. ¡Por vida de...! ¡Emborracharse un hombre, parlotear como un loro, y disputar, y fanfarronear, renegar y hablar sin sentido, como un pelafustán con su propia sombra!... ¡Oh espíritu invisible del vino, si aún no tienes nombre alguno por el cual se te pueda conocer, te llamaré demonio!

YAGO. —¿Quién era aquel a quien perseguías con la espada? ¿Qué te había hecho?

CASIO. —No lo sé.

YAGO. —¿Será posible?

CASIO. —Recuerdo un cúmulo de cosas, pero ninguna con fijeza; sé que hubo una riña, cuya causa ignoro. ¡Dios mío: que se traguen los hombres por la boca a un enemigo para que les robe el juicio! ¡Que nos convirtamos así, con gozo, alegría, júbilo y regocijo, en brutos insensatos!

YAGO. —Pero ya estás bastante sereno. ¿Cómo has recobrado el juicio tan pronto?

CASIO. —Le plugo al demonio de la embriaguez ceder el puesto al demonio de la ira; un defecto saca otro a relucir, a fin sin duda de que acabe de aborrecerme a mí mismo.

YAGO. —Vamos, eres un moralista demasiado severo. Teniendo en cuenta la hora, el sitio y el estado de esta tierra, desearía de todo corazón que esto no hubiera sucedido; pero una vez que es así, trata de enmendar la falta en provecho propio.

CASIO. —Le solicitaré nuevamente mi empleo, y me llamará borracho. Tuviera yo las bocas de la hidra, y semejante respuesta las tapara todas. ¡Ser ahora un hombre sensato, un momento después un loco, y luego una bestia!... ¡Horror! Cada copa de más que se apura, es una maldición, y su ingrediente un demonio.

YAGO. —Vamos, vamos, que el buen vino es cosa buena y sociable, cuando de él no se abusa; no clames más contra él. Creo, mi teniente, que no dudarás de mi afecto hacia ti.

CASIO. —Tengo pruebas de tu amor. ¡Yo borracho!

YAGO.— Tú y cualquiera puede emborracharse una vez en la vida. Yo te diré lo que tienes que hacer. La mujer de nuestro general es hoy la que manda; bien lo puedo decir, puesto que él está embebecido y completamente entregado a la contemplación, admiración y adoración de sus gracias y hechizos. Descúbrele francamente tu pecho; importúnala, que ella te ayudará a conseguir nuevamente tu empleo. Es de condición tan franca, tan bondadosa, tan dulce, tan bendita, que sin duda tendrá a desdoro el no hacer más de lo que le pidas; ruégale que entablille este miembro fracturado entre tú y su esposo; y apostaré mi fortuna contra cualquier chuchería, a que este rompimiento será parte a estrechar tu amistad con el moro.

CASIO. —Tu consejo es saludable.

YAGO. —Te lo doy con toda la sinceridad de mi amor y con la honradez de que es capaz mi buen deseo.

CASIO. —Lo creo así; y mañana a primera hora suplicaré a la virtuosa Desdémona que se interese

por mí. Desespero de mi suerte, si me abandona
en este trance.

YAGO. —Tienes razón. Buenas noches, mi teniente;
tengo que acudir a la guardia.

CASIO. —Buenas noches, honrado Yago.
(*Se va*).

YAGO. —¿Y quién podrá decir que soy bellaco?
Honrado y franco es el consejo mío,
le digo lo que siento, y en efecto,
ese es el modo de ablandar al moro;
que es cosa fácil conseguir que ruegue
desdémona en favor del desvalido,
siendo su causa honrada: es bondadosa
más que la misma bendición del cielo.
¿Y qué le ha de costar ganar al moro?
Aun cuando le exigiera que abjurara
su religión, los símbolos y santos
preceptos todos de la fe de Cristo,
le tiene de tal suerte encadenada
el alma con su amor, que está en su mano
llevarlo, traerlo, hacer de él a su antojo
lo que mejor le plazca: su capricho
es hoy el dios que manda en su flaqueza.
¿Cómo he de ser bellaco, si aconsejo
a Casio la conducta que más pronto
le ha de llevar al logro de su dicha?
¡Diabólica deidad! Cuando el demonio
quiere lograr sus más perversos fines,
empieza seduciendo al alma incauta
con gracia celestial, cual yo hago ahora.

Pues mientras este honrado majadero
procure de Desdémona el apoyo,
y ella suplique al moro en favor suyo,
destilaré en su oído mi ponzoña;
diréle que Desdémona lasciva
se afana tanto porque vuelva Casio
para saciar su lúbrico deseo;
y cuanto más se esfuerce por servirle,
tanto será más sospechosa al moro.
Conseguiré trocar, de tal manera,
en vicio su virtud, tejiendo astuto
con su misma bondad la red infame
en que juntos caerán.

(*Entra* **RODRIGO**).

¿Qué hay, pues, Rodrigo?

RODRIGO. —Sigo la cacería, no como el podenco que caza, sino como un apéndice al ojeo. Mi bolsa está ya casi agotada; esta noche me han zurrado de lo lindo; y creo que el desenlace de todo esto será ganar yo alguna experiencia a costa de muchos sinsabores, volviéndome luego a Venecia sin dinero y con más seso.

YAGO. —¡Pobre de aquel que no tiene paciencia!
¿Curóse alguna herida de repente?
No por ensalmo, por ingenio obramos,
que ha menester que demos tiempo al tiempo.
¿No marcha todo? Casio te ha pegado;
con eso tú le quitas el destino.
Aunque sin sol la mala yerba cunde,

la flor temprana es de temprana fruta
señal segura. Tu ansiedad aplaca.
¡Por vida!, ya es de día. ¡Cómo acortan
las horas el deleite y los quehaceres!
Vete a tu alojamiento, ve; más de esto
sabrás después. Mas, por favor, ve, vete.

(*Se va* **RODRIGO**).

Dos cosas hay que hacer: primero es fuerza
que apoye mi mujer con su señora
la pretensión de Casio: voy a hablarle.
Yo mientras tanto llamo aparte al moro,
y sobrevengo con él precisamente
cuando esté Casio con ardor instando
a su esposa. Así ha de ser. Ahora
obremos sin tibieza y sin demora.

(*Se va*).

TERCER ACTO

PRIMERA ESCENA

Delante del castillo.

Entran **CASIO** *y algunos* **MÚSICOS.**

CASIO. —Tañan aquí, señores, que yo les pago;
una tonada breve, y de esa suerte
darán al general los buenos días. *(Música).*

Entra el **BUFÓN.**

BUFÓN. —¿Qué es esto, señores? ¿Han estado en
Nápoles sus instrumentos, que hablan tan gangosos?

MÚSICO 1o. —¿Cómo, cómo?

BUFÓN. —Aquí tienen dinero; le agrada tanto al general su música, que les ruega por amor del cielo
que no hagan más ruido con ella.

MÚSICO 1o. —Bien, gentilhombre, callaremos.

BUFÓN. —Si tienen alguna música silenciosa que no
se oiga, tóquenla por Dios; pero en cuanto a oír música, como quien dice, el general, no lo puede sufrir.

MÚSICO 1o. —No conocemos semejante música.

BUFÓN. —Pues entonces, recojan los instrumentos, porque yo me voy. ¡Váyanse, desvanézcanse; márchense! *(Se van los* **MÚSICOS**).

CASIO. —¿Oyes, mi buen amigo?

BUFÓN. —No oigo a tu buen amigo, te oigo a ti.

CASIO. —Déjate ya de chanzas. Aquí tienes una monedita de oro; si la dama que acompaña a la esposa del general está ya en pie, dile que hay un tal Casio que quisiera hablar un rato con ella. ¿Se lo dirás?

BUFÓN. —Está ya en pie, caballero; y si tropiezo con ella, le notificaré tu pretensión.

CASIO. —Díselo, amigo. *(Se va el* **BUFÓN**).
En hora buena, Yago.

Entra **YAGO**.

YAGO. —¿No te acostaste, pues?

CASIO. —Ya era de día
cuando nos separamos. Me he atrevido,
Yago, a mandar a tu mujer recado,
rogándola cortés que me procure
de la noble Desdémona una audiencia.

YAGO. —Haré que salga a verte; y algún medio
discurriré para alejar al moro;
con más holgura así podrás hablarle.

CASIO. —Te lo agradece el alma. *(Se va* **YAGO**).
No hallé nunca
más amable y honrado florentino.

Entra **EMILIA.**

EMILIA. —Felices, mi teniente. A fe, deploro
tu desgracia; pero estoy segura
que al fin tendrá remedio. Hablando de ella
al general dejé con su consorte;
y ella te defiende con calor: el moro
contesta que el hidalgo a quien heriste
es muy bienquisto y allegado en Chipre,
y hubiera sido falta de prudencia
no exonerarte. Sin embargo, te quiere,
y basta su amistad a reponerte
en tu empleo en ocasión propicia.

CASIO. —No obstante, te ruego, si hacedera y justa
hallas mi pretensión, que hagas porque hable
a solas con Desdémona un momento.

EMILIA. —Ven conmigo; yo te pondré en tal sitio
donde puedas hablarle libremente.

CASIO. —Deudor te quedo por merced tan grande.
(Se van).

SEGUNDA ESCENA
Una sala del castillo.

Entran **OTELO, YAGO** *y varios* **CABALLEROS.**

OTELO. —Yago, estas cartas al piloto entrega;
que ofrezca mis respetos al Senado.
Yo en tanto me dirijo a las murallas;
allí me encontrarás.

YAGO. —Lo haré, mi jefe.

OTELO. —¿Quieren inspeccionar, señores míos,
el fuerte aquél?

CABALLEROS. —A la orden suya estamos.

(Se van).

TERCERA ESCENA

El jardín del castillo.

Entran **DESDÉMONA, CASIO** *y* **EMILIA.**

DESDÉMONA. —Descuida, buen Casio;
no te apures;
todo pondré por obra en favor tuyo.

EMILIA. —Hazlo así, señora; mi marido
lamenta el lance como cosa propia.

DESDÉMONA. —Alma honrada es la suya.
Créeme, Casio,
en breve te he de ver a ti y a Otelo
tan amigos como antes.

CASIO. —Noble dama,
sea de Miguel Casio lo que fuere,
siempre será rendido esclavo tuyo.

DESDÉMONA. —Lo sé, y lo estimo.
Quieres a mi marido;
tiempo ha que se conocen, y ten por seguro,
se apartará de ti tan sólo en tanto
que la prudencia lo aconseje.

CASIO. —Empero,
tanto podrá durar esa prudencia,
de sustento tan ruin podrá nutrirse,
o renovarse por tan leve causa,
que, estando ausente y otro en mi destino,
olvide el general mi amor y celo.

DESDÉMONA. —No temas nada;
aquí es testigo Emilia
de que respondo de tu empleo. Créeme,
cuando hago voto de amistad, sin falta
suelo también cumplir lo que prometo.
No he de dejar en paz a mi marido;
sus pasos seguiré; de noche y día
importunarle quiero en favor tuyo;
convertiré su lecho en una escuela,
su mesa en oratorio; en cuanto haga
sabré mezclar la pretensión de Casio.
Alégrate, por tanto, pues te juro
que tu abogado morirá primero
que abandonar tu causa.

EMILIA. —Mi amo viene.

CASIO. —Señora, me despido.

DESDÉMONA. —No, quédate,
y óyeme hablar.

CASIO. —No puede ser ahora;
estoy desazonado y mal dispuesto
a promover mi causa.

DESDÉMONA. —Como tú quieras.
(*Se va* **CASIO**).

Entran **OTELO** *y* **YAGO**.

YAGO. —¡Ay!, eso no me agrada.

OTELO. —¿Qué murmuras?

YAGO. —Nada, señor; o si... No sé qué dije.

OTELO. —Pues ¿no era Casio el que dejó a mi
esposa?

YAGO. —¿Casio, señor? No tal: pensar no puedo
que se escurriera tan furtivamente,
viéndote llegar.

OTELO. —Pues que fue Casio creo.

DESDÉMONA. —Mi amor, ¿estás de vuelta?
Hablando estaba
con cierto pretendiente; un desdichado
a quien tu enojo aflige.

OTELO. —¿A quién aludes?

DESDÉMONA. —A Casio, tu teniente.
Dueño mío,
si mi cariño, si mi fe te mueve,
admite sin demora sus excusas;
si Casio no te quiere, si no yerra
por ignorancia más que por malicia,
de caras nada entiendo. Te suplico
que lo repongas.

OTELO. —¿Fuese hace un instante?

DESDÉMONA. —Sí tal; mas tan
rendido, tan humilde,
que parte me dejó de su tristeza
para penar con él. Que vuelva, amado.

OTELO. —Aún no; otra vez, Desdémona querida.

DESDÉMONA. —Mas ¿será pronto?

OTELO. —Gracias a tu ruego.

DESDÉMONA. —¿Cuándo? ¿Esta noche a la hora
de la cena?

OTELO. —No; no esta noche.

DESDÉMONA. —Pues mañana entonces,
a la hora de comer.

OTELO. —No como en casa.
En el castillo habrá reunión de jefes.

DESDÉMONA. —Pues bien, mañana por
la noche, o martes
por la mañana, o por la tarde, o noche,
o a primer hora el miércoles: te ruego
que el plazo fijes; pero que no pase
del tercer día. Está ya arrepentido;
aunque su falta, a nuestro juicio llano
(por más que dicen que la guerra exige
que sirvan de escarmiento los mejores),
no es más que un pecadillo, digno sólo
de crítica privada. Dime, Otelo:
¿Cuándo podrá volver? No sé, a fe mía,
¿qué me pidieras tú que te negara,
ni en que pensara tanto? ¿No fue Casio
el confidente fiel de tus amores?
¿Aquél que tantas veces, cuando injusta
hablé tal vez de ti con menosprecio,
te defendió? Pues ¿cómo cuesta tanto
el perdonarlo? A fe, no sé qué haría.

OTELO. —Basta, por Dios.
Que venga cuando quiera.
No he de negarte nada.

DESDÉMONA. —Esto no es gracia;
es cual si te pidiese que usaras
guantes, y te abrigaras, y comieras
manjares nutritivos; es lo mismo
que suplicarte por que tú te cuides.
Fuera mi pretensión de mayor peso,
cosa que exigiera sacrificio,
esfuerzo de tu amor, ¡ay!, en tal caso
sería menester que lo midiera,
y lo pesara bien, y aun costaría,
sin duda, mil sudores el lograrla.

OTELO. —No he de negarte nada. En cambio sólo
te pido que una súplica me otorgues;
déjame un rato con mí mismo a solas.

DESDÉMONA. —¿Podría acaso negarlo?
Adiós, mi dueño.

OTELO. —Mi Desdémona, adiós; te sigo en breve.

DESDÉMONA. —Emilia, ven. (*A* **OTELO**).
Tu gusto sigue; sea
cual fuere, siempre me hallarás sumisa.

Se van **DESDÉMONA** *y* **EMILIA.**

OTELO. —¡Ser adorado! ¡Piérdase mi alma,
si no te quiero! ¡Y cuando no te quiera,
en caos se convierta el universo!

YAGO. —Mi noble general.

OTELO. —Yago, ¿qué dices?

YAGO. —¿Supo de tu llama Miguel Casio,
cuando la corte a mi señora hacías?

OTELO. —Sí, del comienzo al fin.
¿Por qué preguntas?

YAGO. —Para satisfacción de mis recelos;
por nada malo.

OTELO. —Yago, ¿qué recelas?

YAGO. —Pues no creía yo que la trataba.

OTELO. —Pues sí; medió más de una vez entre
ambos.

YAGO. —¿De veras?

OTELO. —¡Pues!, de veras; sí, de veras.
¿Te choca acaso? ¿No es honrado?

YAGO. —¿Honrado?

OTELO. —Honrado, sí, honrado.

YAGO. —Que yo sepa...

OTELO. —¿Qué piensas?

YAGO. —¿Piensas?

OTELO. —¡Piensas! ¡Vive el cielo!
¡Repites como el eco mis palabras,
cual si en tu mente hubiera oculto un monstruo
asaz horrible para revelado!
Algo sospechas. Poco ha, al separarse
Casio de mi mujer, dijiste que ello
no te agradaba. Di: ¿qué no te agrada?
Y cuando dije que él había sido
en mis amores parte y consejero,

¿de veras?, exclamaste; y caviloso
frunciste el ceño, como si encerrara
algún concepto horrible tu cerebro.
Si me quieres, no me ocultes lo que piensas.

YAGO. —Señor, sabes que te quiero.

OTELO. —Así lo creo,
porque lo sé y que eres justo,
antes de hablar meditas lo que dices,
por eso mismo en ti esas reticencias
me asustan más. En hombre vil y aleve,
son hábitos comunes tales mañas;
pero en el pecho honrado son indicios
secretos que del alma, a pesar suyo,
en ira noble ardiendo se desprenden.

YAGO. —En cuanto a Miguel Casio, oso jurarlo;
lo creo honrado.

OTELO. —Así también lo creo.

YAGO. —Debiera ser lo que parece el hombre;
y cuando no, no aparentarlo.

OTELO. —Cierto,
debiera ser lo que parece el hombre.

YAGO. —Por tanto, tengo a Casio por honrado.

OTELO. —No; no me dices todo. Yo te exijo
que me hables como piensas y cavilas,
y manifiestes tu peor recelo
en los peores términos.

YAGO. —Mi jefe,
te lo ruego, perdona. Bien sé que en todo
me manda obedecerte la ordenanza,

mas no en aquello en que el esclavo es libre.
Quieres que manifieste lo que pienso;
¿y si alevoso fuera, vil y torpe?
Pues ¿qué palacio habrá en que no penetre
lo inmundo alguna vez? ¿Ni cuyo pecho
tan puro siempre fue que nunca diera
cabida a torpe duda? ¿En dónde aleve
sesión no celebrara, junta o juicio
con el discurso recto la vileza?

OTELO. —Contra tu amigo conspiraras, Yago,
si ofendido juzgándole, dejaras
a tu sospecha extraños sus oídos.

YAGO. —Te ruego por favor —por si viciosa
pudiera ser tal vez mi conjetura,
pues, lo confieso, me atormenta el ansia
de averiguar deslices, y hartas veces
descubre mi recelo mil delitos
do no los hay —que aún no haga caso alguno
tu cordura de hombre tan propenso
a juzgar mal, ni la quietud te roben
cavilaciones vagas e inseguras.
Ni a tu bienestar, ni a tu calma,
ni a mi honradez, mi seso y valentía
conviene el revelarte lo que pienso.

OTELO. —¿Qué me quieres decir?

YAGO. —¡Ay!, el buen nombre
en hombre y en mujer, querido jefe,
es el mayor tesoro de sus almas.
Quien roba mi bolsillo, roba cieno;
es algo; es nada; mío fue, y es suyo,

y esclavo ha sido de cien mil. En cambio,
quien me hurta mi buen nombre, un bien me quita
que a él no enriquece, mas que a mí me deja
pobre en verdad.

OTELO. —¿Qué piensas? ¡Vive el cielo!
¡Lo he de saber!

YAGO. —Fuera imposible, aun cuando
en tu mano el corazón pusiere;
ni será nunca, mientras yo lo guarde.

OTELO. —¡Cómo!

YAGO. —¡Señor, cuidado con los celos!
El monstruo de ojos verdes que se burla
del alma en que se ceba. Es venturoso
el engañado que su oprobio sabe,
y odia a la engañadora; pero, en cambio,
¡qué ratos tan amargos pasa el pobre
que adora y duda, que recela y quiere!

OTELO. —¡Tormento atroz!

YAGO. —El pobre, satisfecho,
es rico y más que rico: el rico, en cambio,
que teme empobrecer a todas horas
más pobre es que el invierno, aun cuando tenga
el oro todo que la tierra esconde.
¡Piadoso cielo, a mis amigos todos
de celos libra!

OTELO. —¡Qué! ¿Qué es eso? ¿Piensas
que he de pasar mi vida en locos celos,
mudando de sospechas con las fases
inestables de la luna? ¡Ah, no! Todo uno

en mí será el dudar y el resolverme.
Llámame bruto el día en que me vieres
parar la mente y ocupar el alma,
cual tú, en fantasmas vanas y sospechas.
Jamás me causa celos el decirme
que es bella mi mujer, que se regala,
que gusta de tertulias y de bromas,
que canta con primor, que baila y tañe.
Donde hay virtud, mayor será con eso.
Tampoco engendra en mí recelo o duda
de su firmeza mi valía escasa.
Ojos tenía y me eligió. No, Yago;
sin ver no he de dudar; y estando en duda,
he de adquirir la prueba; y adquirida,
no hay más remedio que acabar cuanto antes,
o con el loco amor, o con los celos.

YAGO. —Bien; que me place. Así tendré licencia
para mostrar con ánimo más franco
la ley y amor que te tengo. Recíbelo
cual cumplimiento de un deber: de pruebas
nada hablo aún. Mas cela a tu esposa;
miradla atento cuando esté con Casio,
con ojos ni confiados ni celosos.
No quiero que tu alma noble y franca
de su bondad tal vez víctima sea.
Alerta, pues; conozco yo a mi gente;
allá en Venecia la mujer descubre
al cielo cosas que al marido oculta,
y su mayor virtud estriba al punto,
no en no pecar, sino en guardar secreto.

OTELO. —¿Eso me cuentas?

YAGO. —Engañó a su padre
casándose contigo; y cuando, esquiva
al parecer, temblaba sólo al verte,
te adoraba más.

OTELO. —Por cierto.

YAGO. —¡Entonces!
La que fingir tan niña supo artera,
hasta vendar los ojos de su padre
(quien pensó era hechizo)... Pero ¿qué hago?
Perdón humilde te pido; soy culpable
de amarte con exceso.

OTELO. —Eternamente
te lo he de agradecer.

YAGO. —Señor, advierto
que te han desconcertado mis palabras.

OTELO. —Ni por asomo; nada.

YAGO. —A fe, lo temo.
Por Dios, reflexiona que lo que dije
procede de mi amor. Que estás turbado,
mi jefe, advierto: por favor te pido
que no quieras prestar a mis palabras
peor sentido, ni mayor alcance,
del que conviene dar a una sospecha.

OTELO. —Así lo haré.

YAGO. —Pues de otra suerte, cierto
tuvieran más funesto resultado
del que pensé. Casio es mi digno amigo...
que estás turbado advierto.

OTELO. —No gran cosa.
Yo pienso que Desdémona es honrada.

YAGO. —¡Por muchos años séalo! ¡Por muchos
tenla tú por tal!

OTELO. —Y sin embargo,
cuando naturaleza a errar comienza...

YAGO. —Ahí está el mal; y (para serte franco)
el desdeñar partidos ventajosos
de su nación, su calidad y raza,
cuando natura a lo contrario tiende,
¿qué, no revela inclinación lasciva,
sentido avieso, torpes pensamientos?
Mas perdona; al sospechar, no aludo
precisamente a ella, aun cuando tema
que, al recobrar el seso su sentido,
pudiera compararos con los mozos
de su nación, y arrepentirse luego.

OTELO. —Adiós, adiós: y si algo más adviertes,
cuéntame más. A tu mujer encarga
que los observe. Déjame; ve, Yago.

YAGO. —Mi general, me voy; que el cielo te guarde.

(Se aleja un poco).

OTELO. —¿Por qué casé?
Sin duda este hombre honrado
ve y sabe mucho más de lo que cuenta.

YAGO. *(Volviendo)* —Mi general,
te ruego con el alma
que en eso no pienses. Déjalo al tiempo.
Y aunque es muy justo que a su empleo vuelva

Casio, pues bien lo desempeña, cierto,
no obstante, si te parece, posponlo
por algún tiempo más, y de ese modo
te será fácil conocerlo a fondo.
Nota si tu esposa insiste mucho
y con vehemente afán que pronto vuelva.
Eso te dirá bastante; y mientras tanto,
piensa que fui precoz en mis temores
(y que lo soy me temo con motivo)
y a ella por fiel ten, mi jefe, te lo ruego.

OTELO. —No temas nada.

YAGO. —Vuelvo a despedirme. *(Se va).*

OTELO. —Éste es un hombre por extremo honrado;
y su alma esclarecida bien a fondo
conoce el trato humano. ¡Ay!, halcón mío,
si te encontrase fiero, aunque tuviera
al corazón tus grillos amarrados,[1]
te soltaría, al viento te arrojara
a caza de fortuna. —¿Por desdicha,
por ser yo negro, porque no poseo
del cortesano ameno el trato fácil,
o porque cuesta abajo van mis años?...
Pero eso poco importa... ¡Ay, la he perdido!
¡Burlado quedo, y mi único consuelo
será el odiarla! ¡Oh maldición eterna
del lazo conyugal; llamarse dueño

---

[1] Grillos, correas de cuero estrechas con que se sujetaba por la garra al puño del cazador el halcón adiestrado para la caza de altanería.

de un ser tan tierno y no de sus pasiones!
Mejor quisiera ser hediondo sapo
y el aire respirar de un calabozo,
que reservar en el amado seno
breve rincón para el ajeno goce.
Mas tal es el castigo de los grandes,
menos afortunados que la plebe,
su sino, cual la muerte inevitable;
desde el primer aliento que inhalamos,
se cierne horcada sobre nuestra frente
tal maldición. —Desdémona se acerca.

Entran **DESDÉMONA** *y* **EMILIA**.

¡Si es ella infiel, de sí se burla el cielo!
¡No quiero creerlo!

DESDÉMONA. —Ven, Otelo mío.
Te esperan la comida y los valientes
isleños que al banquete convidaste.

OTELO. —¡Necio de mí!

DESDÉMONA. —¿Por qué hablas tan callado?
¿Te sientes mal?

OTELO. —Me duele aquí la frente.

DESDÉMONA. —Es de velar, sin duda.
No te apure;
te la ataré ceñida, y en un hora
tendrás alivio.

(Hace ademán de atarle el pañuelo).

OTELO. —Es chico tu pañuelo.

(Aparta de sí el pañuelo, que cae en tierra sin que ella se dé cuenta).

Deja. Ven; adentro voy contigo.

DESDÉMONA. —El verte padecer me causa pena.

Se van **OTELO** *y* **DESDÉMONA.**

EMILIA. —¡Oh gozo! Al fin con el pañuelo he dado.
Fue el primer don de amor que diole el moro;
mil veces que lo hurtara testarudo
mi esposo me rogó; mas en tanto lo tiene
(él le encargó que lo guardase siempre),
que no lo suelta nunca, y a menudo
lo besa y mima. Haré que saquen copia
de la labor, y se lo entrego a Yago.
Qué hará con él no sé: sábelo el cielo;
mi solo intento es contentar su anhelo.

Entra **YAGO.**

YAGO. —¿Qué haces aquí tan sola?

EMILIA. —No me riñas;
tengo para ti una cosa.

YAGO. —¿Para mí, bien mío?
Es cosa corriente.

EMILIA. —¿Qué cosa?

YAGO. —Tener esposa boba.

EMILIA. —¿Y nada más? Pues di: ¿qué vas a darme
por el pañuelo aquel?

YAGO. —¿Por qué pañuelo?

EMILIA. —¡Por qué pañuelo! Por aquel que el moro
le regaló a Desdémona primero,
y hurtarlo me mandaste tantas veces.

YAGO. —¿Se lo has hurtado?

EMILIA. —No; que inadvertida
dejólo caer al suelo, y recogílo.
Mira, aquí está.

YAGO. —Pues dámelo, pichona.

EMILIA. —¿Qué harás con él?
¿A qué fue tanto empeño
en que lo hurtara?

YAGO. *(Arrebatándolo).* —¿Qué te importa? Venga.

EMILIA. —Si no es por un asunto de importancia,
devuélvemelo, Yago, te lo ruego.
Pobre señora, volveráse loca
cuando su falta advierta.

YAGO. —Nada digas:
lo he menester para algo. ¿Entiendes? Vete.

Se va **EMILIA.**

En el cuarto de Casio este pañuelo
he de perder, porque él allí lo encuentre;
sombras livianas como el aire vano
son a los ojos del celoso pruebas
irrefutables como el Evangelio.
Esto dará su efecto. Mi ponzoña
ya empieza a obrar del moro en las entrañas.

Veneno son las pérfidas sospechas;
ni al paladar en un principio ofenden,
mas en filtrando luego por la sangre,
abrasan como cráteres de azufre.
Lo dicho: véanlo allí.

Entra **OTELO**.

Ni adormidera,
beleño, ni mandrágora, ni todos
los zumos soporíferos del mundo
podrán proporcionarte el dulce sueño
que disfrutaste ayer.

OTELO. —¡Ah! ¡Infiel conmigo!

YAGO. —¿Mi general, qué escucho?
No más de eso.

OTELO. —¡Aparta, ve! Me has puesto
tú en un potro.
juro que vale más ser engañado
del todo, que abrigar sólo una duda.

YAGO. —¿Qué es esto, general?

OTELO. —¿Qué me importaban
a mí sus ratos de lascivia oculta?
Yo no lo oía, no pensaba en ello;
no me dolía nada, y en reposo
a la siguiente noche me dormía;
jovial, alegre estaba; ni en sus labios
noté de Casio los ardientes besos.
Pues el robado, si no advierte el robo
y nadie se lo dice, no le roban nada.

YAGO. —Me dan esas razones honda pena.

OTELO. —Feliz pudiera ser aunque la hueste
entera, y aun los rudos gastadores,
gozado hubiesen de su cuerpo dulce,
con tal de no saberlo. ¡Ora, por siempre
adiós, quietud del alma! ¡Adiós, contento!
¡Tropa empenachada, adiós! Y tú, dura pelea,
tú, que en virtud la ambición conviertes,
¡oh, adiós! Adiós, corceles relinchantes,
aguda trompa, bélicos tambores,
y pífano marcial, regio estandarte,
excelsa pompa, claro brillo, orgullo
y arreos todos de la lid gloriosa,
¡Adiós! ¡Cesó la ocupación de Otelo!

YAGO. —¡Señor, será posible!

OTELO. —¡Ruin villano,
pruébame que es adúltera mi amada!
¿Lo entiendes bien? ¡Prueba palpable exijo!
Si no, por la salud de mi alma eterna,
¡más te valiera haber nacido perro,
que el arrostrar mi cólera encendida!

YAGO. —¿A extremo tal llegó?

OTELO. —¡Haz que lo vea;
o por lo menos pruébalo de suerte
que en la comprobación no quede gancho
ni hueco alguno donde duda quepa,
o ¡ay de tu vida!

YAGO. —Ilustre jefe mío...

OTELO. —Si la calumnias, dándome tormento,
no reces más; no te remuerda nada;

horrores sobre horrores acumula;
comete atroces crímenes que al cielo
a llanto muevan y a la tierra a espanto;
pues a tu eterna perdición no añades
pena mayor.

YAGO. —¡Favor, bondad celeste!
¿Eres hombre acaso? ¿Has perdido el juicio?
Queda con Dios. Toma mi empleo. ¡Oh necio,
cuya virtud por vicio es estimada!
¡Oh mundo infame! Advierte,
advierte, ¡oh mundo!;
es peligroso ser honrado y franco.
Gracias por la lección. De hoy más protesto
no amar a nadie, sí el amor da esto.

OTELO. —Oye, detén: debieras ser honrado.

YAGO. —Debiera ser astuto, mentecata
es la honradez que en balde se fatiga.

OTELO. —¡Por vida mía! Que es honrada creo
mi esposa, y no lo creo; que eres justo
y que no lo eres pienso. Quiero pruebas.
Su nombre, un tiempo cual la faz de Diana,
es ahora oscuro y negro cual mi rostro.
Mientras cordeles y cuchillos haya,
veneno, fuego, o anegadores ríos,
no he de aguantarlo. ¡Ay, quién me
diera pruebas!

YAGO. —Señor, que te roe la pasión advierto,
y me arrepiento de haber sido franco.
¿Pruebas quieres?

OTELO. —¿Si quiero? No; tendrélas.

YAGO. —Y bien puedes. Mas ¿cómo
convencerte?
¿Quieres, grosero espectador, mirarlos?
¿Verla en el acto?

OTELO. —¡Oh maldición! ¡Oh muerte!

YAGO. —Sospecho fuera empresa asaz difícil
lograr que ese espectáculo ofrecieran.
Entonces... ¡Maldición! No; buen cuidado
tendrán de que jamás folgar los vean
otros mortales ojos que los suyos.
Entonces, ¿cómo, cuándo, de qué suerte?
¿Qué he de decírte? ¿Cómo convencerte?
Es imposible que veas tal cosa;
aunque estuviesen rijosos como chivos,
ardientes como monos, lujuriosos
como encelados lobos, lerdos, torpes
cual la ebria estupidez. No obstante, te digo
que si te convencen pruebas manifiestas,
indicios claros que a la puerta misma
de la verdad conducen, tales tengo.

OTELO. —Dame de su traición prueba evidente.

YAGO. —Te juro que el oficio no me gusta;
mas ya tan engolfado en este asunto,
no vuelvo atrás. Yací con Casio ha poco,
y atormentado con dolor de muelas,
dormir no pude. Hay hombres tan livianos
de espíritu, que en sueños tal vez charlan
de sus asuntos. Casio es uno de éstos.
Le oí decir en sueños: "Mi Desdémona,

seamos cautos, nuestro amor encubre".
Luego con fuerza me apretó la mano,
diciendo: "¡oh dulce prenda!", y me besaba
con tal ardor, cual si arrancar quisiera
por la raíz los besos de mis labios.
Cruzóme con la pierna luego el muslo
y suspiró; besóme y gritó luego:
"¡Maldita suerte que del moro te hizo!"

OTELO. —¡Oh, atroz! ¡Atroz!

YAGO. —Un sueño fue tan sólo.

OTELO. —Revela empero un hecho consumado.
Fatal indicio, aun cuando un sueño fuere.

YAGO. —Podrá servir de apoyo a muchas pruebas
que aún no convencen.

OTELO. —¡La he de hacer pedazos!

YAGO. —Mas sé prudente. Nada sé de fijo;
podrá ser fiel aún. Dime tan sólo:
¿Alguna vez no viste un pañuelo,
en manos de Desdémona, con fresas
bordado con primor?

OTELO. —Sí; parecido
uno le di; fue mi primer regalo.

YAGO. —Eso no sé; mas con un tal pañuelo
(seguro estoy que fue el de tu esposa)
a Casio vi limpiándose el bigote.

OTELO. —Si fuera aquél...

YAGO. —Aquél, o cualquier otro;
en siendo suyo es un indicio que habla
junto con los demás en contra de ella.

OTELO. —¡Tuviera el miserable cien mil vidas,
pues para mi venganza poco es una!
Ya veo que es verdad. ¡Ay! Mira, Yago,
de un soplo al cielo así mi amor arrojo;
voló. ¡De tu antro sal, venganza negra!
¡Cede tu trono, oh amor, el pecho amante
y tu corona al déspota del odio!
¡Hínchate, seno, grave con el peso
de viperinas lenguas!

YAGO. —Serénate.

OTELO. —¡Oh! ¡Sangre, Yago, sangre!

YAGO. —No, paciencia.
Tal vez podrás mudar de pensamiento.

OTELO. —Yago, jamás. Bien como el Ponto helado,
cuya veloz corriente impetuosa
jamás refluye, mas constante corre
al propóntico mar y al Helesponto,
así mis pensamientos sanguinarios
no han de mirar atrás en su violenta
feroz carrera, ni menguar al tierno
influjo del amor, mientras cumplida
no las engulla mi fatal venganza.
Por ese cielo azul, con el debido (*Se arrodilla*)
respeto al sacro voto, aquí lo juro.

YAGO. —No te levantes aún.
(*Se arrodilla*). ¡Atestígualo!
Ustedes, siempre fúlgidos luceros,
ustedes, elementos que ahora en torno
nos circundan, atestigüen que Yago
consagra la aptitud de su talento,

su corazón y brazo al fiel servicio
del ultrajado Otelo! Que él disponga,
y en mí el cumplir será deber sagrado,
por sanguinaria que la empresa sea.

(Se levantan).

OTELO. —Te lo agradezco; no con huecas frases,
sino aceptando tu lealtad gozoso;
y en el instante he de ponerla en obra.
Puedas decirme dentro de tres días:
Casio no vive ya.

YAGO. —Murió mi amigo;
tú lo pides, pues dalo ya por hecho.
Mas que ella viva.

OTELO. —¡No! ¡Maldita sea!
¡Vaya al infierno la mujer lasciva!
Ven, sígueme. Con tiento me retiro
a procurarme medios de dar muerte
pronta al hermoso diablo. Ya eres, Yago,
teniente mío.

YAGO. —Tuyo soy por siempre.
(Se van).

CUARTA ESCENA

Delante del castillo.

Entran DESDÉMONA, EMILIA *y el* BUFÓN.

DESDÉMONA. —Di, pícaro: ¿sabes dónde se retira
Casio?

BUFÓN. —En parte alguna, que yo sepa.

DESDÉMONA. —¿Cómo?

BUFÓN. —Es soldado, y decir que un soldado se retira, es darle de puñaladas.

DESDÉMONA. —Vamos: ¿dónde se aloja?

BUFÓN. —Si te dijera donde se aloja, no haría sino mentir.

DESDÉMONA. —¿No acabarás?

BUFÓN. —No sé dónde se aloja, e improvisar ahora una posada, y decir: aquí se aloja, o allí se aloja, fuera alojarme a mí mismo en pecado mortal.

DESDÉMONA. —¿Podrás preguntar por él, e informarte por lo que te dijeran?

BUFÓN. —Voy a catequizar al mundo entero en busca suya; es decir, preguntaré, y según sean las respuestas te contestaré.

DESDÉMONA. —Búscalo; dile que venga acá; y anúnciale que he movido a mi esposo a favor suyo, y que espero que todo se remediará.

BUFÓN. —Lo que me mandas no excede los límites de la comprensión humana, y por tanto voy a acometer la empresa. *(Se va)*.

DESDÉMONA. —¿Donde habré perdido aquel pañuelo, Emilia?

EMILIA. —Señora, no lo sé.

DESDÉMONA. —Mejor quisiera
haber perdido, créelo, mi bolsillo

repleto de cruzados. Si no fuera
mi noble moro de alma franca, libre
de la bajeza propia del celoso,
fuera bastante a darle algún recelo.

EMILIA. —Pues ¿no es celoso?

DESDÉMONA. —El patrio sol, colijo,
purgó su ser de todos esos vahos.

EMILIA. —Mire donde viene.

DESDÉMONA. —No lo dejo mientras
no llame a Casio.

Entra **OTELO**.

DESDÉMONA. —¿Cómo estás, mi Otelo?

OTELO. —Muy bien, querida esposa. (*Aparte*).
(¡Cuánto cuesta disimular!)
¿Qué tal estás, Desdémona?

DESDÉMONA. —Bien, dueño mío.

OTELO. —Dame acá tu mano.
Húmeda está esta mano, esposa mía.

DESDÉMONA. —Ni edad sintió, ni conoció pesares.

OTELO. —Denota un pecho liberal, fecundo.
Ardiente, ardiente y húmedo; requiere
recogimiento, ayuno y oraciones,
fervor devoto, penitencia mucha;
pues hay un diablo aquí caliente y joven,
que a veces se rebela. Mano tierna,
y franca.

DESDÉMONA. —Bien puedes tú decirlo;
pues fue esta mano la que te dio el alma.

OTELO. —¡Mano tan liberal! Antiguamente
hacía don el alma de la mano;
hoy la moderna heráldica requiere
manos sin alma.

DESDÉMONA. —De eso nada entiendo.
¿Olvidas tu promesa?

OTELO. —¿Qué promesa?

DESDÉMONA. —Mandé por Casio para hablar
contigo.

OTELO. —Cruel, tenaz catarro me molesta;
préstame tu pañuelo.

DESDÉMONA. —Toma, esposo.

OTELO. —Aquel que yo te di.

DESDÉMONA. —Pues no lo traigo.

OTELO. —¿No?

DESDÉMONA. —A fe que no.

OTELO. —Pues ésa es una falta.
Aquel pañuelo dioselo a mi madre
una gitana, una hechicera diestra
en leer los pensamientos de la gente;
y díjole que mientras lo guardara,
tendría encanto siempre y cautivaran
sus prendas a mi padre; pero en cambio,
si lo perdiera, o alguna vez lo diera,
fuera a los ojos de mi padre odiosa,
y en otro cuerpo halago buscaría.
Diómelo a mí al morir, y ella me impuso

que se lo diera yo a mi esposa cuando
el hado me la diera. Así lo hice;
guárdalo bien por tanto, y con cariño,
como a las niñas de tus caros ojos;
pues el perderlo o el regalarlo fuera
desdicha sin igual.

DESDÉMONA. —¿Será posible?

OTELO. —Es cierto. En el tejido hay magia oculta;
una sibila que su altivo curso
vio recorrer al sol doscientas veces,
en su furor profético bordólo;
y los gusanos que la seda hilaron
estaban consagrados; fue teñido
en momia[2] por los diestros preparada
de corazón de virgen.

DESDÉMONA. —¿Será cierto?

OTELO. —Certísimo; por tanto, no lo pierdas.

DESDÉMONA. —Pluguiera a Dios que no lo
viera nunca.

OTELO. —¡Cómo! ¿Por qué?

DESDÉMONA. —¿Por qué hablas tan violento?
¿Con tal enojo?

OTELO. —¿Acaso lo perdiste?
¿Despareció? ¿Se extravió? ¡Responde!

DESDÉMONA. —¡El cielo nos proteja!

OTELO. —¿Qué replicas?

---

[2] El licor balsámico que despiden las momias era apreciado antiguamente por la virtud antiepiléptica que se le atribuía.

DESDÉMONA. —No lo he perdido. Y si lo hubiera acaso...

OTELO. —¿Cómo?

DESDÉMONA. —Te digo que no lo he perdido.

OTELO. —Búscalo; que lo vea.

DESDÉMONA. —Bien podría,
en este instante mismo; mas no quiero.
Mi pretensión en vano así rehuyes;
te ruego por merced, repón a Casio.

OTELO. —¡Dame el pañuelo! A sospechar
empiezo.

DESDÉMONA. —Vamos, Otelo,
vamos; sé que nunca
encontrarás a otro hombre más perito.

OTELO. —¡El pañuelo!

DESDÉMONA. —Mas háblame de Casio.

OTELO. —¡El pañuelo!

DESDÉMONA. —Hombre que en todo tiempo
fundó en tu protección su buena suerte;
que mil peligros compartió contigo...

OTELO. —¡El pañuelo!

DESDÉMONA. —Sin duda, no eres justo.

OTELO. —¡Quita! (*Se va* **OTELO**).

EMILIA. —¿No tiene celos este hombre?

DESDÉMONA. —Nunca lo he visto así. Seguramente
algún hechizo esconde aquel pañuelo.
Cuán desdichada soy con su extravío.

EMILIA. —No en sólo un año o dos se
aprecia a un hombre,
estómagos son ellos, cuyo pasto
somos nosotras: ávidos nos tragan,
y cuando ya están hartos, nos arrojan.
Vea donde vienen Casio y mi marido.

Entran **CASIO** *y* **YAGO.**

YAGO. —No hay otro arbitrio;
ella es quien ha de hacerlo.
Y mira, ¡oh dicha!, a ella; importúnala.

DESDÉMONA. —¿Qué tal, buen Casio?
Di, ¿qué nuevas traes?

CASIO. —Mi antigua pretensión, señora. Le ruego,
deje que vuelva yo a existir y ocupe,
merced a su intercesión virtuosa,
algún lugar en la amistad del hombre
a quien con alma y corazón venero.
Premura le pido. Si es mi culpa tanta,
de tan fatal carácter que no basten
pasado celo, ni pesar presente,
ni intencionados méritos futuros
a rescatarme su amistad pasada,
sépalo al menos, y tendrélo a dicha;
revestiréme de forzado gozo,
y una limosna pediré a la suerte
por otra senda.

DESDÉMONA. —¡Ay, más que honrado Casio!
Mi advocación no suena acorde ahora.

Mi dueño no es mi dueño, y si de rostro
como de humor mudado hubiera, nunca
lo conociera. Así me den amparo
los santos todos, como en favor tuyo
he intercedido lo mejor que pude,
hasta erigirme en blanco de su enojo
por atrevida. Es menester paciencia.
Haré lo que pudiere, y más que osara
en propia causa haré. Que eso te baste.

YAGO. —¿Está enojado el general?

EMILIA. —Ha poco
se fue de aquí, por cierto muy airado.

YAGO. —¿Será posible? He visto los cañones
crudos volar sus filas en el aire,
y arrebatar, cual diablos, a su mismo
hermano de su lado. ¿Él iracundo?
Debe ser cosa grave. Iré en su busca.
Motivo habrá, cuando él está enojado.

DESDÉMONA. —Hazlo por Dios. (*Se va* YAGO).
Sin duda algún negocio
de Estado, o de Venecia, o trama oculta
que ha descubierto en Chipre, habrá enturbiado
la límpida corriente de su alma;
y en tal caso coléricos los hombres
riñen por cosas ínfimas, aun cuando
las grandes causa de su enojo sean.
Pues, en efecto, si nos duele un dedo,
igual dolor experimentan pronto
los otros miembros sanos. No, los hombres
dioses no son, ni es justo que exijamos

de ellos nupcial ternura. Bien merezco,
Emilia, que severa me censures
por falta de estrategia; denunciaba
ya el alma su aspereza, y veo ahora
que soborné yo misma a los testigos,
habiéndolo culpado injustamente.

EMILIA. —Dios quiera que de Estado asuntos sean,
cual usted piensa, y no algún vano antojo,
o celosa sospecha a usted tocante.

DESDÉMONA. —¡Calla por Dios!
Jamás le di motivo.

EMILIA. —Así no se convence a los celosos;
no por tener motivo, tienen celos;
los tienen porque sí; son como monstruo
que es engendrado y nace de sí mismo.

DESDÉMONA. —Dios quiera que jamás
la mente ocupe
de Otelo monstruo tal.

EMILIA. —Amén, señora.

DESDÉMONA. —Iré en su busca.
Casio, no te alejes.
Si está de humor activaré tu instancia,
y nada omitiré por que la logres.

CASIO. —Con humildad, señora, lo agradezco.

(*Se van* **DESDÉMONA** *y* **EMILIA**).

Entra **BLANCA**.

BLANCA. —Salud, amigo Casio.

CASIO. —¿A qué has venido?
¿Qué tal te va?, di, hermosa Blanca mía.
A fe que iba a tu casa, niña, ahora.

BLANCA. —Y yo a tu alojamiento, Casio. ¿Cómo
pudiste estar una semana entera
sin verme? ¡Siete días con sus noches!
¡Veinte veces ocho horas y otras ocho!
Y más pesadas que el reloj cien veces
las horas cuenta el solitario amante.
¡Oh triste suma!

CASIO. —No me riñas, Blanca.
Sufría en tanto bajo el grave peso
de mi honda pena. En hora más propicia
sabré saldar la deuda. Hermosa Blanca,
cópiame esta labor.

Le da el pañuelo de **DESDÉMONA**.

BLANCA. —¿De dónde, Casio,
te vino este pañuelo? Es un recuerdo,
sin duda, de una amiga más reciente.
Lloré tu ausencia, y más la causa lloro.
¿En eso estás? ¡Muy bien!

CASIO. —Calla, mujer;
y arroja tus sospechas a los dientes
de Satanás, que te infundió tal duda.
Celosa, piensas ya que es un recuerdo
de alguna dama; a fe que no, mi Blanca.

BLANCA. —Pues ¿de quién es?

CASIO. —No sé; lo hallé en mi cuarto;
me gusta la labor; y antes que vengan
a reclamarlo (cual vendrán sin duda)
quisiera que copiaras el dibujo.
Tómalo, y hazlo, y déjame, te ruego.

BLANCA. —¿Por qué dejarte?

CASIO. —Al general aguardo;
y no es prudente, pienso, ni querría
que con mujer me viera en este sitio.

BLANCA. —¡Hola! ¿Por qué?

CASIO. —No porque no te quiera.

BLANCA. —Mas porque no me quieres. Te suplico
que parte del camino me acompañes.
¿Vendrás temprano a verme por la noche?

CASIO. —Breve distancia puedo andar contigo,
que estoy de espera. Nos veremos pronto.

BLANCA. —Muy bien; es fuerza orzar según
el viento.

(Se van).

CUARTO ACTO

PRIMERA ESCENA
Una plaza pública delante del castillo.

Entran **OTELO** *y* **YAGO**.

YAGO. —Y ¿qué te parece?

OTELO. —¿Parecerme, Yago?

YAGO. —¿Darse en secreto un beso?

OTELO. —Un beso ilícito.

YAGO. —¿O estarse una hora o más
desnuda en cama
con el amante, sin malicia alguna?

OTELO. —¿Desnuda en cama y sin malicia, Yago?
Fuera engañar hipócrita al demonio;
los que tal hacen sin maligno intento,
dejan que tiente su virtud el diablo,
y tientan ellos el poder divino.

YAGO. —Venial fuera el desliz, si nada hicieran.
En cambio, si a mi esposa di un pañuelo...

OTELO. —¿Y qué?

YAGO. —Señor, es suyo, y siendo suyo,
pienso que puede dárselo a cualquiera.

OTELO. —También es dueña de su honor, por eso
¿lo puede regalar?

YAGO. —Su honor, mi jefe,
es invisible esencia; en muchos casos
lo gasta aquella que jamás lo tuvo.
Pero el pañuelo...

OTELO. —¡Vive Dios, dichoso
en olvidarlo fuera! Me dijiste...
(me viene a la memoria cual se cierne
el negro grajo sobre infecta casa,
y a todos ruina augura) —Me dijiste
que él tuvo su pañuelo

YAGO. —¿Y qué hay con eso?

OTELO. —Por cierto nada bueno.

YAGO. —¿Y si te dijera
que fui testigo ya de tal ultraje,
o que le oí decir —pues hay bellacos
que, habiendo al fin logrado de una dama
algún favor con importunos ruegos,
o con mostrarse asaz pagados de ella,
hasta charlarlo todo no descansan?

OTELO. —¿Ha dicho él algo acaso?

YAGO. —Sí, mi jefe.
Estate tranquilo empero; nada dijo
que no desmentirá.

OTELO. —¿Qué dijo, Yago?

YAGO. —Dijo que estuvo... No sé como dijo.

OTELO. —¿Qué? ¿Qué?

YAGO. —Yació...

OTELO. —¿Con ella?

YAGO. —Sí, con ella;
con ella o encima de ella, como te plazca.

OTELO. —¡Yacer con ella! ¡Encima de ella! Yago, eso
es asqueroso. Pañuelo... confesiones... ¡el pañuelo!... Confesar y ser ahorcado luego. No; ahorcarlo
primero y que confiese luego... Tiemblo sólo al pen-
sarlo. Naturaleza no se revestiría de tan tétrica
pasión, si no hubiera en esto algún presagio. No
son vanas sombras las que me estremecen de tal
modo. ¡Bah! Narices, orejas, labios... ¿Será posible?
¿Confesión?... ¿pañuelo? ¡Oh diablo!... *(Cae en un
paroxismo).*

YAGO. —¡Obra, ponzoña mía, sigue obrando!
Así se enliga al crédulo sin seso;
y así más de una dama casta y digna,
sin culpa alguna, pierde fama y honra.
¡Alza, señor, alza! ¿No oyes? ¡Otelo!
¿Qué hay Casio?

Entra **CASIO.**

CASIO. —¿Qué sucede?

YAGO. —En convulsiones
cayó aquí el jefe; es el segundo ataque;
tuvo uno ayer.

CASIO. —Frótale bien las sienes.

YAGO. —No; quieto; es fuerza que el letargo siga
su curso en calma, porque de otro modo
empieza a echar espuma por la boca,
y le acomete bárbara locura.
Ve, ya se mueve. Retírate un rato;
volverá pronto en sí. Cuando se vaya
quisiera hablarte de un asunto grave.

(Se va **CASIO***).*

¡Mi general! ¿No te duele la cabeza?

OTELO. —¿Te mofas tú de mí?

YAGO. —¿De ti? ¿Mofarme?
No lo permita Dios. Quisiera verte
llevar tu destino como un hombre.

OTELO. —Hombre cornudo es una bestia,
un monstruo.

YAGO. —Pues muchas bestias debe haber entonces
en populosas villas, monstruos muchos
de calidad.

OTELO. —¿Lo confesó él acaso?

YAGO. —Sé hombre, general; ten presente
que cuantos peinan barba, al yugo uncidos,
pueden tirar contigo en una yunta.
A miles hay maridos que reposan
todas las noches, sin ningún recelo,
en prostituídos tálamos, que propios
osan jurar. Mejor fortuna te cupo;
es ser juguete y burla del infierno,
es dar a Satanás placer extraño

acariciar en tálamo seguro
a la consorte infiel, y creerla honesta.
Saberlo quiero; pues si nada ignoro,
también sabré vengarme del ultraje.

OTELO. —Discurres bien; es cierto.

YAGO. —Breve rato
quedate aquí en acecho; y con paciencia
presta atento oído. Mientras ruda
te embargaba la tristeza el alma
(pasión indigna de hombre semejante),
entró aquí Casio. Supe despedirlo,
y disculpar astuto tu arrobo.
Le dije que volviera a hablar conmigo
luego; y lo prometió. Puesto en acecho,
nota sus gestos, y el desdén y escarnio
pintado en cada rasgo de su cara;
pues yo le haré contar de nuevo el caso
de dónde, cómo, ha cuánto y cuántas veces
gozó y ha de gozar a tu esposa.
Nota sus gestos digo; mas paciencia;
diré si no que eres todo ira y rabia
y no hombre varonil.

OTELO. —¿Me escuchas, Yago?
Taimado haré papel de pacienzudo;
mas luego —¿lo oyes?— de verdugo.

YAGO. —Bueno;
mas a debido tiempo. Retírate.

(*Se esconde* OTELO).

Preguntaré por Blanca a Casio ahora;
una infeliz que vende sus favores

a precio de alimento y vestidura;
y adora a Casio. Tal es el castigo
de la ramera: engatusar a muchos
y ser por uno engatusada luego.
Siempre que le hablan de ella, le es forzoso
reírse a carcajadas. Ya se acerca.

(*Entra* **CASIO**).

Como él se ría va a rabiar Otelo.
Sus torpes celos le harán ver la risa,
la ligereza y gestos del buen Casio
en luz errónea. —¿Cómo estás, teniente?

CASIO. —Peor desde que te oigo saludarme
con ese tratamiento, cuya falta
me mata, a fe.

YAGO. —Ruégale con ahínco,
y te salvará Desdémona.
(*En voz baja*). (Si el logro
de esta merced de Blanca dependiera,
no en balde suspirarías.)

CASIO. —¡Pobrecilla!

OTELO. (*Aparte*). —¡Vean, cómo se ríe!

YAGO. —Te ama locamente.

CASIO. —¡Ay! ¡La infeliz! A fe que me ama creo.

OTELO. (*Aparte*). —Finge negarlo, y se sonríe
ahora.

YAGO. —Casio, escucha.

OTELO. (*Aparte*). —Ahora lo importuna
porque lo cuente todo. ¡Bien! ¡Bien dicho!

YAGO. —Pues ¿no asegura que te casas con ella? ¿Es tal tu intención?

CASIO. —¡Ja, ja! ¡Bobada!

OTELO. (*Aparte*). —¿Triunfas, romano, triunfas?

CASIO. —¡Casarme yo con ella! ¿Con una cortesana? Hombre, por Dios; no me hagas tan poco favor; no me juzgues tan demente. ¡Ja, ja, ja!

OTELO. (*Aparte*). —¡Hola, hola! El ganancioso es quien se ríe.

YAGO. —A fe que corre la voz que te vas a casar con ella.

CASIO. —Vamos; dime la verdad.

YAGO. —Que me emplumen si no.

OTELO. (*Aparte*). —¿Conque me la has jugado? ¡Bien!

CASIO. —¡La necia! Es ella misma la que esparce esa voz; está persuadida de que me caso con ella; pero es por su propia vanidad y locura, no porque yo le haya dado palabra.

OTELO. (*Aparte*). —Yago me hace señas. Ahora empezará a contar la historia.

CASIO. —Ha poco estuvo aquí; me persigue por todas partes. Hallábame en la playa el otro día, hablando con unos venecianos, cuando de improviso se presenta la mozuela; y por esta mano te juro que se me echó al cuello de esta suerte...

OTELO. (*Aparte gritando*). —"¡Oh querido Casio!" o cosa parecida; su gesto lo indica.

CASIO. —Y me abraza, y me soba, y se echa a llorar, y me arrastra, y me empuja. ¡Ja, ja, ja!

OTELO. (*Aparte*). —Ahora le cuenta cómo se lo llevó a mi alcoba. Veo esas narices insolentes, pero no el perro al que se las he de arrojar.

CASIO. —Es menester que la deje.

YAGO. —¡Por vida mía! Mírala donde viene.

CASIO. —¡Valiente raposa, y qué perfumada!

(*Entra* **BLANCA**).

¿A qué viene esta persecución continua?

BLANCA. —¡Que te persigan el diablo y su comadre! ¿A qué vino el darme este pañuelo ha poco? Valiente boba fui yo en tomarlo. ¿Quieres que te copie yo la labor? ¿Te parece? ¿Encontrarlo en su cuarto y no saber quien lo dejó allí? Será un recuerdo de alguna querida, y ¿quieres que yo te copie la labor? Toma, dáselo a ella; venga de donde viniera, yo no he de copiar ningún dibujo de él.

CASIO. —Pero, Blanca mía, ¿qué es esto? Calla, mujer, calla.

OTELO. (*Aparte*). —¡Viven los cielos! ¿No es ése mi pañuelo?

BLANCA. —Si quieres cenar conmigo esta noche, vente ahora; si no, vente cuando te diera gana. (*Se va*).

YAGO. —Síguela, síguela.

CASIO. —Es fuerza; de otra suerte alborotará la calle.

YAGO. —¿Cenarás con ella?

CASIO. —Me parece que sí.

YAGO. —Quizá te vaya a ver allí; pues he menester hablarte.

CASIO. —Vente, pues, a cenar. ¿Vendrás?

YAGO. —Bueno; iré. *(Se va CASIO).*

OTELO. —*(Se adelanta).* —¿Qué muerte le daré, Yago?

YAGO. —Notaste cómo se rió de su delito.

OTELO. —¡Ay, Yago!

YAGO. —¿Y viste el pañuelo?

OTELO. —¿Era el mío?

YAGO. —El tuyo, por esta mano. Y mira cómo aprecia a la mentecata de tu mujer. Ella se lo regaló, y él se lo da a su manceba.

OTELO. —Quisiera estarlo matando por espacio de nueve años. ¡Una mujer tan hermosa! ¡Una mujer tan deliciosa!

YAGO. —Es menester olvidar eso.

OTELO. —Sí, que se pudra, que perezca y vaya al infierno esta noche; no vivirá, no; mi corazón es de piedra; lo golpeo, y me hiere la mano. ¡Ah, no hay en el mundo más bella criatura! Es digna de yacer al lado de un emperador y de mandarlo como a esclavo.

YAGO. —No conviene pensar en eso.

OTELO. —¡Maldita sea! Sólo digo lo que es. ¡Qué manos para la labor! ¡Qué diestra en la música! Es capaz de amansar a un oso con su canto. ¡Qué gracia tan chispeante, qué talento tan claro!...

YAGO. —Por lo mismo, es peor.

OTELO. —¡Ay, sí! ¡Mil y mil veces peor! Y, luego, es de condición tan mansa.

YAGO. —Demasiado.

OTELO. —Eso sí que es verdad. Y, sin embargo, Yago, ¡qué lástima! ¡Oh Yago, qué lástima! ¡Qué lástima, Yago!

YAGO. —Si estás tan prendado de su perfidia, dale carta franca para pecar; pues si a ti no te molesta, a nadie le importará un comino.

OTELO. —¡La he de hacer trizas! ¡Ponerme cuernos a mí!

YAGO. —¡Oh pérfida mujer!

OTELO —¡Y con mi teniente!

YAGO. —Peor todavía.

OTELO. —Procúrame un veneno, Yago. Esta noche. No le pediré explicaciones por temor a que me desarme con su belleza y sus hechizos. Esta noche, Yago.

YAGO. —No la envenenes. Estrangúlala en su lecho, en ese mismo lecho que ha mancillado.

OTELO. —Bien, bien; me place esa justicia. Bien, muy bien.

YAGO. —Y en cuanto a Casio, corre de mi cuenta. A medianoche sabrás algo más.

OTELO. —¡Magnífico! *(Se oye una trompa).* ¿Qué trompa es la que se oye?

YAGO. —Sin duda una embajada de Venecia.
Es Ludovico; el Dux es quien lo envía;
y tu esposa lo acompaña; míralos.

Entran **LUDOVICO, DESDÉMONA**
y acompañamiento.

LUDOVICO. —Mi digno general.

OTELO. —Muy bienvenido.

LUDOVICO. —El Dux y senadores de Venecia
salud te mandan. *(Le entrega una carta).*

OTELO. —Beso el documento
de su mandato intérprete. *(Lo abre y lee).*

DESDÉMONA. —¿Qué nuevas
traes de Venecia, primo Ludovico?

YAGO. —Me alegra mucho el verte, caballero;
muy bienvenido a Chipre.

LUDOVICO. —Te doy las gracias.
¿Qué hace el teniente Casio?

YAGO. —Vive, hidalgo.

DESDÉMONA. —Primo, ha surgido
entre él y mi esposo
fatal discordia; pero tú, sin duda,
lo compondrás.

OTELO. —¿Estás segura de eso?

DESDÉMONA. —¿Dices, mi dueño?

OTELO. *(Leyendo).* —"Cúmplase sin falta,
pues de otra suerte..."

LUDOVICO. —No te llamó; ocupado
en el escrito está. Pero ¿hay discordia
entre él y Casio?

DESDÉMONA. —Sí; fatal reyerta.
No sé qué diera a fin de conciliarlos;
pues quiero bien a Casio.

OTELO. —¡Fuego, pez y azufre!

DESDÉMONA. —¿Mi dueño?

OTELO. —¿Estás en ti?

DESDÉMONA. —¿Qué? ¿Está enojado?

LUDOVICO. —Tal vez la carta lo haya conmovido;
pues creo que lo llaman a Venecia,
quedando Miguel Casio en su gobierno.

DESDÉMONA. —Me alegro, a fe.

OTELO. —¿De veras?

DESDÉMONA. —¿Dueño mío?

OTELO. —Me alegra el verte loca.

DESDÉMONA. —¿Cómo, amado?

OTELO. —¡Quita, demonio! *(La abofetea).*

DESDÉMONA. —¿He merecido yo esto?

LUDOVICO. —Señor, nadie en Venecia lo creería,
aun cuando lo jurara. Es demasiado.
¿No ves cómo llora? Consuélala.

OTELO. —¡Oh sierpe!
Pudiera fecundar la tierra el llanto
falaz de la mujer, de cada gota
que al suelo cae brotara un cocodrilo.
¡Sal de mi vista! ¡Aparta!

DESDÉMONA. —Me apartaré
por no ofenderte.

LUDOVICO. —¡Qué sumisa y blanda!
Llámala, te lo ruego, general.

OTELO. —¡Señora!

DESDÉMONA. —¿Mi dueño?

OTELO. —¿De ella qué quieres, hidalgo?

LUDOVICO. —¿Quién? ¿Yo, señor?

OTELO. —Sí, tú. ¿No me pediste
que la llamara? ¡Oh, sí!; dará mil vueltas,
y seguirá adelante; y vuelta, y vuelta.
Sabe llorar también, llorar, hidalgo;
y es obediente, cual dices, sumisa,
¡oh, muy sumisa! —Sigue con tu lloro.
En esta carta —¡Oh fingimiento astuto!
Recibo la orden de volver. —¡Tú, vete!
Luego te llamaré—. Yo la obedezco:
regresaré a Venecia. —¡Vete, aparta!
(Se va **DESDÉMONA***).*

Casio tendrá mi puesto. Yo esta noche
te convido a cenar. Muy bien llegado
a Chipre, hidalgo. *(Aparte).*
¡Monos y cabrones! *(Se va).*

LUDOVICO. —¿Es éste el noble moro a quien estima
nuestro Senado en tanto? ¿Es éste el alma
en quien nunca hacen mella las pasiones?
¿Cuya cabal virtud invulnerable
es a los dardos del aleve acaso
como a los tiros de la adversa suerte?

YAGO. —Ya no parece el mismo.

LUDOVICO. —¿Está en su acuerdo?
¿No tiene acaso trastornado el juicio?

YAGO. —Es tal como es. En mí no fuera justo
decirte lo que pienso. ¡A Dios pluguiera
que fuera lo que ha sido y ser podría!

LUDOVICO. —¡Cómo! ¿Pegar a su mujer?

YAGO. —Por cierto
que estuvo mal; pero ¡ojalá supiera
que había de ser el último ese golpe!

LUDOVICO. —¿Lo tiene por costumbre,
o fue la carta
la que produjo en él tal demasía?

YAGO. —¡Lástima grande! En mí no fuera honrado
el revelarte lo que sé y he visto;
lo observarás tú mismo, y sus acciones
daránle a conocer de tal manera
que no habrá menester que algo te diga.
Síguelo, y observa en lo que para.

LUDOVICO. —¡Cuán otro le juzgaba! A fe, lo
siento. (*Se van*).

SEGUNDA ESCENA
Una sala del castillo.

Entran **OTELO** *y* **EMILIA.**

OTELO. —¿No viste nada, pues?

EMILIA. —Ni he oído nunca,
ni he sospechado semejante cosa.

OTELO. —Sí tal: has visto a Casio y a ella juntos.

EMILIA. —Mas no vi nada malo y cada frase
que pronunciaron la escuchó mi oído.

OTELO. —¿Jamás hablaron bajo?

EMILIA. —Nunca, mi amo.

OTELO. —¿Y no te despidieron nunca?

EMILIA. —Nunca.

OTELO. —¿En busca de sus guantes, su abanico,
de su antifaz, o de otra cosa?

EMILIA. —Nunca.

OTELO. —Extraño es eso.

EMILIA. —El alma apostaría
que es fiel y honrada. Si contraria idea
tiene formada de ella, deséchela;
deshonra a su mente. Si un bellaco
le infundió tal duda, sobre él lance
la maldición de la serpiente el cielo;
pues si ella no es honrada, fiel y casta,
no hay hombre venturoso, y la más pura
de las esposas torpe es cual la infamia.

OTELO. —Dile que venga acá. Despacha; vete.

(*Se va* **EMILIA**).

Bastante dice; pero ¿qué alcahueta
lo propio no dijera? Es moza astuta;
es cual cerrojo o sigilosa llave
que encierra mil secretas villanías.

Y sin embargo, se arrodilla y reza.
Sí, yo la he visto en actitud devota.

Entran **DESDÉMONA** *y* **EMILIA.**

DESDÉMONA. —¿Qué me mandas, mi dueño?

OTELO. —Ven, querida.

DESDÉMONA. —¿Qué me quieres?

OTELO. —Te quiero ver los ojos.
Mírame al rostro.

DESDÉMONA. —¿Qué ocurrencia horrible?

OTELO. *(A* **EMILIA**). —Vete a tu puesto,
dueña; deja a solas
a los amantes, y la puerta cierra.
Si alguien se acerca, tú haznos seña, o tose.
Mucho sigilo; ¿entiendes? Ve, despacha.

Se va **EMILIA.**

DESDÉMONA. —De hinojos te lo ruego;
di, ¿qué piensas?
No entiendo tu discurso, pero advierto
que en él habla una furia.

OTELO. —¿Y tú quién eres?

DESDÉMONA. —Tu esposa, dueño mío; tu sincera
y fiel esposa.

OTELO. —Júralo y condénate.
No sea que el demonio, al contemplarte

con forma angelical, asirte tema.
Condénate dos veces; jura, jura
que eres honrada.

DESDÉMONA. —Bien lo sabe el cielo.

OTELO. —Bien sabe que eres falsa como el Orco.

DESDÉMONA. —¿Con quién? ¿Por quién?
Mi dueño, ¿cómo falsa?

OTELO. —¡Oh Desdémona! ¡Aparta, aparta! ¡Vete!

DESDÉMONA. —¡Oh día aciago! Dime,
¿por qué lloras?
¿Soy yo, mi bien, la causa de ese llanto?
Si por ventura piensas que mi padre
haya influído por que el puesto pierdas,
no eches la culpa a mí. Si lo perdiste,
lo perdí yo también.

OTELO. —Pluguiera al cielo
probar con aflicción mi fortaleza;
llovieran sobre mi desnuda frente
crudas desdichas y baldón sin tasa;
hundiérame en miserias hasta el cuello,
o me tuviera en cautiverio triste
perdida para siempre la esperanza,
y aún hallaría en un rincón oculto
del alma alguna gota de paciencia.
Mas, ¡ay de mí, trocarme en fija imagen
para que el vulgo con inmóvil dedo
con irrisión y escarnio me señale!
Y aun eso lo aguantara, mofa y todo.
Empero allí, do atesoré mi afecto,

do he de vivir, o he de perder la vida,
la fuente de que brota mi existencia
o por jamás se seca su corriente,
¡ser arrojado de ella, o contemplarla
en vil pantano convertida, en sucio
nido de amores de asquerosos sapos!
A vista tal, paciencia, el ceño arruga,
tú, tierno querubín de labios rojos,
y torvo el rostro pon como el infierno.

DESDÉMONA. —Espero que me
estima fiel y honrada
mi noble esposo.

OTELO. —Honrada cual las moscas
que en el verano el matadero infestan,
y que al nacer fornican... ¡Planta infame,
tan bella y tan fragante que el sentido
en ti se embota, no nacieras nunca!

DESDÉMONA. —Pues ¿qué delito cometí inocente?

OTELO. —¿Papel tan blanco, tan pulido libro
se hizo para escribir en él "ramera"?
¿En qué ofendiste tú? ¿Qué cometiste?
Vil meretriz, contara yo tus hechos
en fraguas se trocaran mis mejillas,
reduciendo a cenizas la modestia.
¿Qué cometiste? Al sol asombro causa,
causa a la luna espanto, y el lascivo
viento que besa cuanto al paso encuentra,
por no escucharlo, en los profundos antros
se esconde de la tierra. ¿En qué ofendiste?
¡Oh prostituta vil!

DESDÉMONA. —Por Dios, me ultrajas.

OTELO. —¿Qué? ¿No eres prostituta?

DESDÉMONA. No, tan cierto
como cristiana soy. Si el conservarme
intacta como vaso destinado
al labio de mi dueño, pura y libre
de todo torpe e ilícito contacto
es no ser prostituta, tal no he sido.

OTELO. —¿No eres ramera?

DESDÉMONA. —No, así Dios me ayude.

OTELO. —¿Es posible?

DESDÉMONA. —¡Oh Dios, favor!

OTELO. —Pues perdóname:
te tuve por la astuta cortesana
que allá en Venecia esposa fue de Otelo.

(Alzando la voz).

Tú, que frontera de San Pedro guardas
la puerta del infierno...

(Entra **EMILIA***).*

A ti, te digo:
ya estamos listos; toma tu dinero;
cierra el cerrojo, y por favor, no charles.

Se va **OTELO.**

EMILIA. —¿Qué es lo que se imagina su esposo?
¿Cómo se siente? ¿Qué tal está, señora?

DESDÉMONA. —A fe, soñando estoy.

EMILIA. —Señora mía,
¿qué tiene mi señor, por Dios, dígame?

DESDÉMONA. —¿Y quién es tu señor?

EMILIA. —El suyo, el mismo.

DESDÉMONA. —Ninguno tengo.
Emilia, no me hables;
llorar no puedo, y responder no debo
sino llorando. Tú esta noche tiende
la cama con mis sábanas nupciales.
Hazlo; y que venga Yago.

EMILIA. —¡Qué mudanza! *(Se va).*

DESDÉMONA. —¡Justo es que así me trate!
¡Sí, muy justo! ¿Faltar alguna vez pude al recato,
dando motivo a su cruel sospecha?

Entran **EMILIA** *y* **YAGO.**

YAGO. —¿Qué me mandas? ¿Cómo te sientes,
señora?

DESDÉMONA. —Lo ignoro. Aquel que a un
niño enseña, lo hace
con blandos modos y tarea fácil.
Reconvenirme pudo de tal suerte,
pues como un niño soy, si me regañan.

YAGO. —Pues ¿qué pasó, señora?

EMILIA. —¡Ay, Yago! El amo
llamóla prostituta, y ultrajóla
de modo tal, en términos tan viles,
que nunca lo sufriera un alma honrada.

DESDÉMONA. —¿Merezco esa palabra?

YAGO. —¿Cuál, señora?

DESDÉMONA. —La que ella dijo que me dio
mi esposo.

EMILIA. —Llamóla prostituta; un pordiosero
en su embriaguez no usara tal lenguaje
con su manceba.

YAGO. —¿Y qué motivo tuvo?

DESDÉMONA. —Yo no lo sé. Mas no soy tal,
por cierto.

YAGO. —Por Dios, seca el llanto. ¡Oh día aciago!

EMILIA. —¿Qué? ¿Desdeñó partidos ventajosos,
abandonó a su padre, patria y deudos,
porque ramera la llamaran? Juro
que disgusto da.

DESDÉMONA. —Tal es mi triste suerte.

YAGO. —Mala ventura le dé Dios por ello.
¿Qué pudo sugerirle tal idea?

DESDÉMONA. —Lo sabe el cielo, Yago.

EMILIA. —Que me maten,
si algún villano ruin, algún bellaco,
o astuto adulador entremetido
no ha urdido esta calumnia con objeto
de conseguir un puesto; que me ahorquen
si no es así.

YAGO. —No hay hombre semejante;
es imposible. ¡Calla!

DESDÉMONA. —Si lo hubiera,
perdónelo el Señor.

EMILIA. —¡Que lo perdone
el hacha del verdugo, y que el infierno
sus huesos roa! ¡Llamarla prostituta!
¿Con quién se trata? ¿Dónde, cuándo, o cómo?
¿Quién viera nunca el más liviano indicio?
Engaña al moro algún villano artero,
algún bellaco infame, algún tunante.
¡Oh Dios!, ¿por qué no arrancas la careta
a esa gentuza vil? ¿Por qué no pones
en cada diestra honrada azote crudo
para arrear desnuda a esa canalla
a latigazos por el orbe entero,
desde el oriente hasta el lejano ocaso?

YAGO. —Habla más bajo.

EMILIA. —¡Viles! De esa laya,
sin duda alguna, el pícaro sería
que trastornó tu juicio, cuando celos
de mí tuviste un tiempo con el moro.

YAGO. —¿Estás demente? ¡Calla!

DESDÉMONA. —Amigo Yago,
¿qué haré para ablandar de nuevo a Otelo?
Háblale tú; pues por el sol radiante,
no sé en qué le ofendí. —Yo aquí me postro:
si alguna vez faltó a su amor mi pecho
en pensamiento, en obra o de palabra;
si hallaron mis sentidos o estos ojos
deleite en otro cuerpo que en el suyo;
si no le quiero cual le quise siempre,

cual siempre le querré por más que ingrato
me arroje cual mendiga de su seno,
huye de mí, consuelo. Mucho puede
el desamor, la falta de cariño;
dureza en él podrá acabar mi vida,
mas no menguar mi amor. Decir no puedo
"adúltera": me inspira horror profundo
después de pronunciada la palabra;
y a merecer tal nombre, cometiendo
el acto vil, no me indujera el oro,
la pompa y vanidad que el mundo encierra.

YAGO. —Calmate por Dios. Él es así: temo
le enfadan los negocios del Estado,
y te riñe a ti.

DESDÉMONA. —¡Ay! ¡Ojalá! Mas temo.

YAGO. —Pues no es más que eso, créeme.

(Suenan trompas).

¿Oyes las trompas?
Nos llaman al festín. Sin duda aguardan
los nobles mensajeros de Venecia.
Entra, y no llores, que para todo
remedio al fin habrá.

(Se van **DESDÉMONA** *y* **EMILIA***).*

(Entra **RODRIGO***).*

¿Qué tal, Rodrigo?

RODRIGO. —Se me antoja que no obras lealmente
conmigo.

YAGO. —¿En qué lo adviertes?

RODRIGO. —No pasa día en que no me juegues alguna mala partida, Yago; y según voy viendo, más bien tratas de alejarme del éxito que de infundirme esperanza. ¡Vive Dios!, ¡que ya estoy harto; no lo aguanto más! Y hasta cierto punto no me siento inclinado a aguantar en silencio lo que he sufrido como un tonto.

YAGO. —¿Quieres escucharme, Rodrigo?

RODRIGO. —Harto te he escuchado ya, pues tus palabras no corren parejas con tus obras.

YAGO. —Me culpas injustamente.

RODRIGO. —Lo que digo es verdad. He gastado todos mis bienes. Sólo con las joyas que te he dado para regalar a Desdémona, había casi para seducir a una vestal. Me dices que las ha admitido, y a cambio me das esperanzas y alicientes de próximo favor y correspondencia; pero no logro ni uno ni otra.

YAGO. —Bien; adelante; muy bien.

RODRIGO. —¡Muy bien! ¡Adelante! Pues no sigo adelante y nada va muy bien, sino todo muy mal; y empiezo a sospechar que estoy haciendo papel de tonto.

YAGO. —Muy bien.

RODRIGO. —No, sino muy mal, digo yo. Me presentaré en persona a Desdémona; y si quiere devolverme mis joyas, renunciaré a su conquista, y me arrepentiré de mis ilícitas esperanzas; y si no, ten por seguro que exigiré satisfacción de ti.

YAGO. —¿Era eso todo lo que tenías que decir?

RODRIGO. —Sí; y no he dicho nada que no esté resuelto a abonar con mis obras.

YAGO. —Vamos, ya veo que tienes esfuerzo y brío; y desde este instante he de tenerte en más estimación que nunca. Venga esa mano, Rodrigo; tus sospechas, aunque me ofenden, no son infundadas; y sin embargo, protesto que he obrado lealmente en tu asunto.

RODRIGO. —Pues en nada lo he conocido.

YAGO. —Convengo en que no lo has conocido en nada, y tu recelo no carece de discernimiento y agudeza. Pero, Rodrigo, si hay en ti lo que me imagino, y lo creo ahora más que nunca, quiero decir, arrojo, denuedo y valor, manifiéstalo esta noche; si a la siguiente no gozas a Desdémona, despáchame a traición, y tiende lazos contra mi vida.

RODRIGO. —Bien: ¿qué es ello? ¿Es cosa hacedera y razonable?

YAGO. —Amigo, ha llegado orden especial de Venecia, mandando que ocupe Casio el puesto de Otelo.

RODRIGO. —¿Es cierto? Pues entonces Otelo y Desdémona se volverán a Venecia.

YAGO. —Nada de eso; él se va a tierra de moros, y lleva consigo a la hermosa Desdémona, a no ser que algún acontecimiento imprevisto lo obligara a prolongar su estancia aquí; para lo cual no hay medio más seguro que el de quitar a Casio de en medio.

RODRIGO. —¿Qué quieres decir con quitarlo de en medio?

YAGO. —¿Qué quiero decir? Pues inutilizarlo para el empleo de Otelo, saltándole la tapa de los sesos.

RODRIGO. —¿Y quieres que haga yo eso?

YAGO. —Ciertamente, si es que te atrevéis a procurarte una ventaja y a hacerte justicia. Cenará esta noche en casa de una mujer pública; y allí iré yo a verlo; aún no sabe nada de su honorífico ascenso. Si quieres acecharlo a la salida, y yo lo arreglaré de modo que eso ocurra entre las doce y la una, podréis acometerlo a mansalva: yo estaré cerca, a fin de secundar el ataque, y caerá muerto entre los dos. Ven; no te quedes ahí lleno de asombro, sino sígueme. Yo te haré ver tan claro la necesidad de matarlo, que no podrás menos de juzgarte precisado a quitarle la vida. Ya llegó la hora de la cena, y la noche avanza. Manos a la obra.

RODRIGO. —He menester que me des alguna razón más para eso.

YAGO. —La tendrás cumplida. *(Se van).*

TERCERA ESCENA

Otra sala del castillo.

Entran **OTELO, LUDOVICO, DESDÉMONA, EMILIA** *y acompañamiento.*

LUDOVICO. —No te molestes ya más, señor, te ruego.

OTELO. —No; permite; el pasear me prueba.

LUDOVICO. —Señora, adiós; te doy humildes
gracias.

DESDÉMONA. —Bienvenido eres.

OTELO. —¿Hidalgo, vamos?
¡Oh Desdémona!

DESDÉMONA. —¿Mi dueño?

OTELO. —Vete al instante al lecho;
volveré al punto; despide
a tu doncella. Haz lo que te mando.

DESDÉMONA. —Así lo haré, mi dueño.

Se van **OTELO, LUDOVICO**
y acompañamiento.

EMILIA. —¿Cómo vamos?
Al parecer está más blando ahora.

DESDÉMONA. —Dijo que sin tardanza volvería;
mandóme luego que me fuera al lecho,
y que te despidiera.

EMILIA. —¿Despedirme?

DESDÉMONA. —Él lo mandó;
por tanto, Emilia mía,
dame mi ropa de dormir, y vete.
es menester no contrariarlo ahora.

EMILIA. —Quisiera que jamás lo hubiera visto.

DESDÉMONA. —Tal no quisiera yo;
lo quiero tanto,

que hasta su terquedad, su enojo y ceño
—desátame este lazo— me enamoran.

EMILIA. —Las sábanas tendí cual me mandó.

DESDÉMONA. —Ya me es igual.
¡Qué loca es nuestra mente!
Si muero antes que tú, que me amortajes
en una de esas sábanas te ruego.

EMILIA. —¡Disparate! Calle.

DESDÉMONA. —Mi madre tuvo
una doncella, Bárbara de nombre;
prendóse de un infiel, que en su locura
la abandonó. A veces cantar solía
una canción del sauce; un canto antiguo,
pero expresaba bien su desventura;
y se murió cantándola. Esta noche
no puedo yo olvidar la copla aquella;
y afán me cuesta el resistir la gana
que siento de entonarla mustia y triste
cual Bárbara solía. —Date prisa.

EMILIA. —Iré por su bata.

DESDÉMONA. —No la quiero;
desprende este alfiler. Es guapo mozo
el Ludovico.

EMILIA. —A fe mía que lo es.

DESDÉMONA. —Y bien hablado.

EMILIA. —Sé de una dama de
Venecia que hubiera ido
descalza a Palestina por lograr un
beso de sus labios.

DESDÉMONA. (*Canta*). —*Al pie de un*
  sicomoro la cuitada
  suspira acongojada.
  Canta el sauce y su verdor frondoso.
  La sien en la rodilla, y con la mano
  oprime el pecho insano.
  Canta el sauce fúnebre y lloroso.
  La fuente iba a su lado rebullendo,
  sus quejas repitiendo.
  Canta el sauce y su verdor frondoso.
  Su llanto baña y mueve el duro suelo
  a compasión y duelo.

Ten, guárdame esto.

  Canta el sauce fúnebre y lloroso.

Por Dios, despacha, volverá en seguida.

  (*Canta*). *Teje de verde sauce una guirnalda.*
  No le culpes, pues su desdén apruebo...

  La letra no es así. —¡Calla! ¿Quién llama?
EMILIA. —El viento fue.
DESDÉMONA. (*Canta*).

  Le dije yo a mi amor que era inconstante.
  ¿Qué contestó mi amante?
  Canta el sauce y su verdor frondoso.
  Si de otros ojos miro en el espejo,
  busca tú otro cortejo.

  Ve ya; felices noches. ¡Cuál me escuecen
  los ojos!; ¿si será señal de llanto?

EMILIA. —¡Bah!, no es señal de nada.

DESDÉMONA. —Así, te juro,
lo oí decir. ¡Los hombres, ay, los hombres!
¿Crees en conciencia, Emilia, que hay mujeres
capaces de engañar a sus maridos
de tan vil modo?

EMILIA. —Tales hay, sin duda.

DESDÉMONA. —¿Lo hicieras tú por todo
el mundo, Emilia?

EMILIA. —Pues ¿no lo hiciera usted?

DESDÉMONA. —Jamás, lo juro
por esa sacra luz.

EMILIA. —Pues yo tampoco...
por esa luz... Podría hacerlo a oscuras.

DESDÉMONA. —¿Lo hicieras tú, por todo el
mundo?

EMILIA. —El mundo
es vasto, a fe; por culpa tan ligera
gran precio fuera.

DESDÉMONA. —A fe que no lo harías.

EMILIA. —A fe que sí lo haría, y después de haberlo
hecho, lo desharía. No lo haría seguramente por
una sortija, ni por una vara de limón, ni por una saya,
un refajo o una gorra; pero ¡por todo el mundo!...
Pues ¿qué mujer no haría cornudo a su marido para
hacerlo luego monarca? Para eso arrostraría yo las
penas del purgatorio.

DESDÉMONA. —Pues que me maten,
si por todo el mundo
hiciera yo a mi esposo tal agravio.

EMILIA.— Es que el agravio no fuera agravio sino
en la opinión del mundo; y si le dieran el mundo en
premio de su trabajo, sería un agravio en su propio mundo, y entonces fuera fácil trocarlo en bene-
ficio.

DESDÉMONA. —Pues yo no creo que haya así
ninguna.

EMILIA. —Más de una y más de diez,
y aún sobrarían
para llenar el mundo a que aspiraran.
Mas pienso que la culpa es del marido
si peca la mujer. Si disolutos
olvidan sus deberes, y en extraños
senos derraman el tesoro nuestro,
o por soñados celos enojosos
en casa nos sujetan, o nos pegan,
o en francachelas gastan nuestros bienes,
¿qué mucho entonces que la hiel rebose
también en nuestros pechos? Somos mansas,
mas de rencor no exentas; y por eso,
sepa el marido que la esposa tiene
como él sentidos; ve como él y toca;
y tiene paladar como el marido
para gustar lo amargo y lo sabroso.
Pues ¿qué procuran ellos cuando olvidan
por otra a su mujer? ¿No es su deleite?
Así lo creo. Y la pasión, ¿los hurga?

Creo que sí. ¿Los rinde su flaqueza?
A fe también. ¿Y acaso no tenemos
también nosotras nuestros apetitos,
flaquezas y afecciones cual los hombres?
Pues que nos traten bien, o de otro modo
les hemos de imitar en eso y todo.

DESDÉMONA. —¡Adiós, adiós! Él séame propicio;
y engendre el mal en mí virtud, no vicio.

(Se van).

QUINTO ACTO

PRIMERA ESCENA

Una calle.

Entran **YAGO** *y* **RODRIGO.**

YAGO. —Ponte detrás del poste que ahora viene;
    desnuda tu tizona, y vete al bulto,
    ¡zis, zas!, sin miedo; me tendré a tu espalda;
    nos salvas o nos pierdes, no lo olvides;
    resuélvete, por tanto, y ten firmeza.

RODRIGO. —Está tú cerca por si fallo el golpe.

YAGO. —Aquí detrás. Valor, y ponte en guardia.
    (Se retira).

RODRIGO. —No tengo fe en la hazaña;
    y sin embargo,
    las causas que alegó son convincentes.
    ¿Qué es? ¿Uno menos? Sal, mi espada, y muera.
    (Se retira).

YAGO. —Lo traigo tan sobado al pobre bobo
    que tasca el freno ya. Si a Casio mata,
    o Casio a él, o si se matan ambos,

de todos modos salgo ganancioso.
Pues si Rodrigo vive, pediráme
restitución cumplida del dinero
y joyas que he sabido sonsacarle
con el pretexto de ablandar a la otra.
No puede ser. Si Casio sobrevive,
a todas horas afeará mi vida
su limpio proceder. Por otra parte,
pudiera descubrirme el moro a Casio,
y en gran peligro viérame por eso.
Que muera, pues. —Chitón, sus pasos oigo.

Entra **CASIO.**

RODRIGO. —Lo reconozco, él es. ¡Villano, muere!
(*Da una estocada a* **CASIO**).

CASIO. —Fatal me hubiera sido esa estocada
a no llevar jubón mejor forrado
de lo que tú imaginas. Ahora, amigo,
el tuyo probaré.
(*Saca la espada y hiere a* **RODRIGO**).

RODRIGO. —¡Favor! ¡Me muero!
(**YAGO** *entre tanto hiere a* **CASIO** *en la pierna por
detrás y se va*).

CASIO. —¡Baldado estoy por siempre! ¡Al asesino!
¡Favor! ¡Favor! (*Cae*).

Entra **OTELO.**

OTELO. —¡La voz de Casio! Yago
cumplió cual bueno.

RODRIGO. —¡Oh vil que soy!

OTELO. —No hay duda;
él es.

CASIO. —¡Favor! ¡Un cirujano! ¡Luces!

OTELO. —Es él. Valiente Yago, honrado y justo,
que en tu nobleza, cual si propio fuera,
sientes el agravio hecho al amigo,
tú mi deber me enseñas. ¡Ay liviana!
Tu amante yace muerto y se aproxima
tu hora fatal. Adúltera, ya acudo.
Del corazón ahuyento tus hechizos
y la impresión de tus miradas borro;
he de purgar tu mancillado lecho
con roja sangre de tu torpe pecho. *(Se va)*.

Entran **LUDOVICO** *y* **GRACIANO.**

CASIO. —¿No hay ronda aquí?
¿No hay nadie que se acerque?
¡Favor! ¡Favor! ¡Prendan al asesino!

GRACIANO. —Una desgracia debe ser; las voces
terror infunden.

CASIO. —¡Ay! ¡Favor!

LUDOVICO. —¡Silencio!

RODRIGO. —¡Oh vil bellaco!

LUDOVICO. —Dos o tres se quejan.
¡Noche fatal! Será un ardid acaso;
seamos cautos; fuera peligroso
prestar auxilio sin llevar escolta.

RODRIGO. —Si nadie acude, desangrado muero.

LUDOVICO. —¿Oyes?

Vuelve a salir **YAGO**, *medio desnudo, con una luz.*

GRACIANO. —Un hombre a cuerpo viene y trae armas y luz.

YAGO. —¿Quién va? ¿Qué ruido es éste? ¿Quién grita al asesino?

LUDOVICO. —Lo ignoramos.

YAGO. —¿No oyeron voces?

CASIO. —¡Por amor del cielo! ¡Aquí, favor, aquí!

YAGO. —Pues ¿qué les sucede?

GRACIANO. —Éste es de Otelo alférez, si no yerro.

LUDOVICO. —Sin duda alguna; muy valiente mozo.

YAGO. —¿Quién eres tú, que exhalas tan triste queja?

CASIO. —Yago, he caído en manos de asesinos. Préstame ayuda.

YAGO. —¡Cielos! ¡Mi teniente! ¿Quién fue el villano, autor de tu daño?

CASIO. —Yace uno de ellos cerca, según creo, y huir no puede.

YAGO. —¡Oh infames! ¡Oh traidores! ¡Hola! ¿Quién eres? Ven, presta auxilio.

(*A* **LUDOVICO** *y* **GRACIANO**).

RODRIGO. —¡Por Dios, favor!

CASIO. —Aquél es uno de ellos.

YAGO. —¡Traidor cobarde! ¡Pícaro asesino!
(*Da una puñalada a* **RODRIGO**).

RODRIGO. —¡Maldito Yago! ¡Oh perro desalmado!

YAGO. —¡Matar de noche y a traición, cobardes!
¿En dónde están, bandidos? ¡Qué silencio
reina en las calles! ¡Muerte! ¡Muerte! ¡Ayuda!
¿Y ustedes, vienen de paz o son aleves?

LUDOVICO. —Juzga con arreglo a nuestras obras.

YAGO. —¡Ilustre Ludovico!

LUDOVICO. —El mismo.

YAGO. —Humilde
perdón imploro. Herido por villanos
yace aquí Casio.

GRACIANO. —¡Casio!

YAGO. —Hermano mío,
¿qué tal te va?

CASIO. —La pierna tengo abierta.

YAGO. —¡No lo permita el cielo! Luz, señores.
La herida vendaré con mi camisa.

Entra **BLANCA.**

BLANCA. —¿Qué ha sucedido aquí?
¿Quién daba voces?

YAGO. —¿Quién daba voces?

BLANCA. —¡Mi querido Casio!
¡Amado Casio! ¡Oh, Casio, Casio mío!

YAGO. —¡Notoria prostituta! Amigo Casio,
¿no sospechas de dónde te vino el golpe?

CASIO. —No sé.

GRACIANO. —Yo siento hallarte de esta suerte;
buscándote iba.

YAGO. —¿Quién me da una liga?
Muy bien. ¡Oh, quién tuviera una litera
para llevarlo a casa suavemente!

BLANCA. —¡Ay, se desmaya! ¡Oh Casio, Casio mío!

YAGO. —Señores, yo sospecho que esta moza
cómplice y parte en el delito sea.
Ten paciencia un rato, amigo Casio.
Vengan, vengan; que traigan una antorcha;
a ver si conocemos esta cara.
¡Ay! ¡Mi querido amigo y compatriota
Rodrigo! No... sí, es él. ¡Gran Dios, Rodrigo!

GRACIANO. —¿Rodrigo de Venecia?

YAGO. —El mismo, hidalgo.
¿Lo conociste tú?

GRACIANO. —Muy bien, por cierto.

YAGO. —¡Señor Graciano! Mil perdones pido;
y sirva de disculpa a mi torpeza
este lance cruel.

GRACIANO. —Me alegra el verte.

YAGO. —¿Casio, qué tal? Que traigan la litera.

GRACIANO. —¡Rodrigo!

YAGO. —Él es; él es. Sea en buen hora;
ya viene la litera. Con dulzura
llévelo a casa algún varón piadoso.
Yo iré á llamar en tanto al cirujano
del general. No te apures, doncella.
El infeliz que allí postrado yace
mi amigo fue. ¿Qué ocasionó la riña?

CASIO. —Lo ignoro a fe. No sé quien es siquiera.

YAGO. (*A* **BLANCA**). —¿Mudas ya de color?
Llévenlo adentro.

(*Se llevan a* **CASIO** *y* **RODRIGO**).

Hidalgos, no se vayan. —Hola, doncella,
que te vas poniendo pálida colijo.
¿En su mirada no notas espanto?
Si te encaras con ella, más oiremos.
Mírenla bien, les ruego, contémplenla.
¿No ven, hidalgos? Aunque el labio calle,
a pesar suyo grita la conciencia.

Entra **EMILIA.**

EMILIA. —¿Qué ocurre?
¡Ay!, ¿qué sucede, esposo mío?

YAGO. —Aquí a traición a Casio acometieron
Rodrigo, y otros que escapar lograron.
Quedó Rodrigo muerto y Casio herido.

EMILIA. —¡Ay pobre Casio! ¡Pobre caballero!

YAGO. —He aquí los frutos de la vida airada.
Emilia, corre, ve, pregunta a Casio

dónde cenó esta noche. (*A* **BLANCA**)
¿Te dan temblores?

BLANCA. —Cenó en mi casa; no por eso tiemblo.

YAGO. —¿En tu casa? ¿Sí? Ven conmigo.

EMILIA. —Miren la mala moza, la ramera.

BLANCA. —No soy ramera, sino tan honrada
como tú que me ultrajas.

EMILIA. —¿Como yo? ¡Bribona!

YAGO. —Vamos a ver curar a Casio, hidalgos.
Ven, doncella; hay que mudar de tono.
Emilia, corre, ve a la ciudadela,
y cuenta todo al jefe y a su esposa.
Vengan, partamos. (*Aparte*). —Esta noche oscura
Ha de colmar mi dicha o desventura. (*Se van*).

SEGUNDA ESCENA

Dormitorio del castillo.

DESDÉMONA *aparece dormida en una cama.*
Arde a su lado una luz.

Entra **OTELO.**

OTELO. —Es con razón, es con razón, mi alma.
La causa no te diré, castas estrellas;
es con razón. No he de verter su sangre,
ni quiero herir su tez, su tez más blanca
que el campo de la nieve, y tersa como
el mármol de un sepulcro. Y sin embargo,

matarla es fuerza o engañará a más hombres.
Mato esta luz, y luego... mato aquélla.
Si a ti te apago, refulgente llama,
y me arrepiento, devolverte puedo
tu luz primera; si la tuya extingo,
de alma natura sin igual dechado,
¿dónde hallaré la chispa prometeica
que devolverte pueda el ser primero?
Si de su tallo la fresca rosa arranco,
no puedo renovar su lozanía;
es fuerza que se mustie. Aquí en la mata
quiero aspirar aún su dulce esencia. (*La besa*).
¡Oh aliento embalsamado, a la justicia
casi persuades a romper su espada!
Un beso; y otro más. Después de muerta
estáte así: te mataré, y amarte
podré después. Un beso más, el último;
tan dulce y tan fatal no lo hubo nunca.
Fuerza es llorar; pero es cruel mi llanto,
y mi pesar es cual de Dios la ira:
donde más ama, hiere. Ya despierta.

DESDÉMONA. (*Despertando*). —¿Quién es?
¿Otelo?

OTELO. —Sí, soy yo, Desdémona.

DESDÉMONA. —¿Te quieres acostar, esposo mío?

OTELO. —Desdémona, ¿rezaste esta noche?

DESDÉMONA. —Sí lo hice.

OTELO. —Pues si te acuerdas de algún crimen
que gracia aún no logró y perdón del cielo,
ruega por él al punto.

DESDÉMONA. —¡Dios piadoso!
¿Qué me quieres decir, dueño mío?

OTELO. —Hazlo, y sé breve. Me retiro en tanto.
Sin confesión matarte no quisiera;
¡no, no permita Dios que tu alma mate!

DESDÉMONA. —¿Cómo? ¿Hablas de matar?

OTELO. —Sí.

DESDÉMONA. —¡Entonces
piedad, gran Dios!

OTELO. —¡Amén, con toda el alma!

DESDÉMONA. —Matarme no podrás cuando
eso dices.

OTELO. —¡Hum!

DESDÉMONA. —Te temo, sin embargo;
eres terrible
cuando los ojos giras de esa suerte.
Mas por qué temo ignoro, pues ignoro
que haya delito en mí. Con todo, tiemblo.

OTELO. —Recuerda tus pecados.

DESDÉMONA. —Son amores
que a ti te tengo.

OTELO. —Sí; por eso mueres.

DESDÉMONA. —¿Me matas porque te amo?
¡Oh muerte cruel!
¿Por qué te muerdes iracundo el labio?
Pasión sanguinaria te estremece todo.
Presagios son; no obstante espero, espero
que a mí no amaguen, no.

OTELO. —¡Silencio! ¡Calla!

DESDÉMONA. —Lo haré. Mas ¿qué sucede?

OTELO. —Aquel pañuelo
que yo te di, que yo apreciaba tanto,
lo diste a Casio.

DESDÉMONA. —¡No, por vida y alma!
Manda por él, pregúntale.

OTELO. —Cuidado,
cuidado con jurar en falso, prenda;
piensa que yaces en el lecho de muerte.

DESDÉMONA. —¿Mas no para morir tan pronto?

OTELO. —Luego.
Confiesa, pues, tu crimen francamente;
pues con negar tus culpas una a una
con sacrosanto voto, no lograrás
echar por tierra ni amenguar el firme
convencimiento bajo cuyo peso
gimo agobiado. Has de morir.

DESDÉMONA. —Entonces
que Dios de mí se apiade.

OTELO. —Amén, te digo.

DESDÉMONA. —Y tú también.
No te ofendí en mi vida.
Jamás a Casio amé, le quise sólo
con el amor que el cielo santifica,
ni dile prenda alguna.

OTELO. —¡Cielo santo!
Yo mismo vi en sus manos mi pañuelo.
Perjura, el corazón me petrificas,

y trocarás en vil asesinato
lo que cumplir pensé cual sacrificio.
¡Yo vi el pañuelo!

DESDÉMONA. —Hallólo él mismo entonces;
yo nunca se lo di; que venga pronto
y la verdad confiese.

OTELO. —Ha confesado.

DESDÉMONA. —¿Qué, dueño mío?

OTELO. —Que favor le hiciste.

DESDÉMONA. —¿Ilícito?

OTELO. —Sí tal.

DESDÉMONA. —Es imposible
que tal repita.

OTELO. —No; su boca es muda.
Corrió de cuenta del honrado Yago.

DESDÉMONA. —¡Oh! ¡Mi temor lo dice! ¿Cómo?
¿Ha muerto?

OTELO. —¡Tuviera tantas vidas cual cabellos,
y mi venganza atroz las ahogara todas!

DESDÉMONA. —¡Ah, Dios! ¡Lo han calumniado y
me han vendido.

OTELO. —¡Oh pérfida!, ¿le lloras en mis barbas?

DESDÉMONA. —Destiérrame, mi bien,
mas no me mates.

OTELO. —Quita, ramera.

DESDÉMONA. —Mátame mañana;
mas déjame vivir sólo esta noche.

OTELO. —¿Forcejeas aún?

DESDÉMONA. —¡Tan sólo una hora breve!

OTELO. —Hecho, ya no hay remedio.

DESDÉMONA. —Sólo en tanto
que rece una oración.

OTELO. —No hay tiempo, es tarde.
(*La estrangula*).

EMILIA. (*Dentro*). —¡Señor, señor, por Dios, señor,
ábrame!

OTELO. —¿Qué ruido es ése?
¿Aún no expiró del todo?
No obstante ser cruel, soy compasivo;
no; prolongar no quiero tu agonía.
Así, así.

EMILIA. (*Dentro*). —¡Señor, abra!

OTELO. —¿Quién llega?

EMILIA. (*Dentro*). —Señor, deja que te diga una
palabra.

OTELO. —Emilia es. —Ya voy.— Murió. —De Casio
vendrá tal vez a referir la muerte.
El ruido aquí sonó. —¿Quedóse inmóvil?
Tranquila cual la tumba. —¿Le abro? ¿Acaso
prudente fuera? —Que se mueve creo.
Nada. —¿Qué hacer? Si le abro, con mi esposa
hablar querrá sin duda. ¿Con mi esposa?
¡Mi esposa! ¡Esposa! ¿Cuál? No tengo esposa.
¡Hora fatal! ¡Ah, insoportable! Pienso
que ahora debiera haber un vasto eclipse

de sol y luna, y que espantado el orbe
abrir debiera el seno estremecido.

EMILIA. —¡Señor, por Dios, abra!
Deje que le hable.

OTELO. —De ti ya me olvidaba. Emilia, llega.
—Despacio.—Voy. —Corramos las cortinas.
¿En dónde estás? *(Abre la puerta)*.

(Entra **EMILIA**).

¿Qué te sucede? Dime.

EMILIA. —Por Dios, señor, allá han matado a uno.

OTELO. —¿Ahora mismo?

EMILIA. —Sí señor, ahora.

OTELO. —Debido es al influjo de la luna;
llega más cerca que antes de la tierra,
y roba los sentidos a los hombres.

EMILIA. —Casio ha matado a un joven veneciano:
Rodrigo se llamó.

OTELO. —¿Murió Rodrigo?
¡Y Casio muerto!

EMILIA. —No; no ha muerto Casio.

OTELO. —¡No ha muerto Casio!
Entonces desentona
el homicidio, y la venganza dulce
en áspera se trueca.

DESDÉMONA. —¡Oh injusta muerte!

EMILIA. —¿Qué grito es ése?

OTELO. —¿Cómo? ¿Cuál?

EMILIA. —¡Dios mío!
¡Ay, ésa fue la voz de mi señora!
¡Favor! ¡Favor! Señora, habla de nuevo;
señora, habla. ¡Desdémona querida!

DESDÉMONA. —Muero inocente.

EMILIA. —¡Ay! ¿Quién matóla aleve?

DESDÉMONA. —Nadie; yo misma.
Adiós; encomiéndame
a Otelo. ¡Oh, adiós, mi bondadoso dueño!

OTELO. —Pues ¿cómo se halla muerta?

EMILIA. —¡Ay, quién lo sabe!

OTELO. —Que no fui yo dijo ella misma: ¿oíste?

EMILIA. —Sí tal. Que la verdad declare es fuerza.

OTELO. —Bajó, cual mentirosa al rojo infierno.
Yo fui quien la mató.

EMILIA. —¡Más ángel ella!
¡Más negro diablo tú!

OTELO. —Cayó en pecado
y prostituta fue.

EMILIA. —Villanamente
tú la calumnias, y eres un demonio.

OTELO. —Fue falsa como el agua.

EMILIA. —Como el fuego
violento y rudo fuiste tú, que falsa
la osas llamar. ¡Leal fue como el cielo!

OTELO. —Casio la usó; pregunta a tu marido.
¡Oh, fuera menester que mi torpeza

purgara del infierno en lo más hondo,
a no haber procedido a tal extremo
con justa causa! Yago es quien lo supo.

EMILIA. —¿Quién, mi marido?

OTELO. —Yago, tu marido.

EMILIA. —¿Que quebrantó su fe?

OTELO. —Sí tal; con Casio.
Si hubiera sido fiel, aun cuando el cielo
quisiera fabricarme un nuevo mundo
de un crisólito entero y sin mancilla,
por él no la trocara.

EMILIA. —¡Mi marido!

OTELO. —Él mismo fue quien me advirtió primero.
Es hombre honrado, y aborrece el fango
que a la torpeza adhiere.

EMILIA. —¡Mi marido!

OTELO. —¿A qué esa redundancia? Tu marido.

EMILIA. —¡Ay! ¡Ama mía, aleve la vileza
se burla del amor! ¡Oh, cuánta infamia!
¿Y que era falsa dijo mi marido?

OTELO. —Sí tal, mujer; fue tu marido: ¿lo oyes?
¿Entiendes la palabra? Tu marido;
mi amigo Yago, el fiel y honrado Yago.

EMILIA. —Si tal dijera, púdrase su alma
vil a razón de un átomo por día.
Miente el villano; amaba demasiado
la escoria ruin que consiguió en mal hora.

OTELO. —¡Por vida...!

EMILIA. —Haz lo que quieras; tan indigna
es esta hazaña tuya de la gloria,
cual de ella indigno tú.

OTELO. —Mejor callaras.

EMILIA. —Mayor que tu poder para ofenderme
es mi valor para aguantar el daño.
¡Oh sandio! ¡Oh necio! ¡Imbécil como el lodo!
¡Valiente acción! —Me río de tu espada.
Daréte a conocer; diré quién eres,
costárame la vida, y veinte vidas.
¡Favor! El moro ha muerto a mi señora.
¡Favor! ¡Favor! ¡Al asesino! ¡Amparo!

Entran **MONTANO, GRACIANO,
YAGO** *y otros.*

MONTANO. —Mi general, ¿qué es esto?
¿Qué sucede?

EMILIA. —¡Ay Yago! ¿Estás ahí? ¡Maña es la tuya!
¡Dejar que así sus crímenes te achaque
cualquier bellaco!

GRACIANO. —¿Qué es lo que sucede?

EMILIA. —Desmiente a ese villano, si eres hombre.
Afirma que dijiste que su esposa
le había sido infiel. Tal no dijiste.
que es falso sé. Tú no eres tan villano.
Habla, por Dios, mi corazón rebosa.

YAGO. —Lo que pensé le dije, y nada dije
que él no haya hallado fidedigno y cierto.

EMILIA. —¿Mas le dijiste que era infiel acaso?

YAGO. —Sí tal.

EMILIA. —Pues le dijiste una mentira,
una mentira pérfida y odiosa,
una infernal mentira. ¡Por mi alma!
¿Con Casio infiel? ¿Dijiste infiel con Casio?

YAGO. —Con Casio, sí, mujer. El labio calla.

EMILIA. —No he de callar; hablar me cumple.
Aquí en su lecho yace asesinada
mi pobre ama.

TODOS. —¡Dios no lo permita!

EMILIA. —Y tus informes fueron causa de ello.

OTELO. —No; no se pasmen; es la verdad, señores.

GRACIANO. —¡Fatídica verdad!

MONTANO. —¡Oh acción monstruosa!

EMILIA. —Alguna trama aleve aquí se oculta.
Y bien pensado... Sí, lo veo todo...
Lo sospeché ya entonces... ¡Villanía!
De rabia me matara. ¡Oh trama aleve!

YAGO. —¿Estás demente? A casa ve; lo mando.

EMILIA. —Nobles hidalgos, permitan que les hable.
Me cumple obedecerlo; mas no ahora.
Yago, tal vez no iré jamás a casa.

OTELO. —¡Ay! ¡Ay! *(Se echa encima de la cama)*.

EMILIA. —¿Te duele al fin? Échate y ruge.
Mataste al ser más inocente y puro
que alzó jamás la vista.

OTELO. *(Levantándose).* —¡Oh, fue malvada!
Tío, no te conocí. Postrada yace
allí tu sobrina, cuyo aliento
ha poco, a fe, cortaron estas manos.
Sé que esta acción parece negra, horrible.

GRACIANO. —¡Desdémona infeliz!
Cuánto me alegro
que ya no exista tu canoso padre;
mortal le fue tu boda, y de su vida
pena no más tronchó el caduco hilo.
Pues si aún viviera, a vista tan horrenda
al ángel de su guarda a maldiciones
de sí desesperado ahuyentaría,
la cólera celeste desafiando.

OTELO. —¡Lástima da! No obstante, Yago sabe
que veces mil el acto vergonzoso
con Casio cometió; lo dijo él mismo.
Y diole a más en premio de su llama
de nuestra fe la prenda, el don primero
que yo le di; lo vi en su propia mano:
cierto pañuelo fue que en otro tiempo
mi padre dio a mi madre.

EMILIA. —¡Dios clemente!
¡Omnipotente Dios!

YAGO. —¡Silencio, calla!

EMILIA. —Callar no puedo, no; callar no quiero;
es fuerza que hable libre como el viento;
aun cuando Dios, los hombres y el abismo
a voz en grito mi baldón proclamen,
callar no puedo; es fuerza que lo diga.

YAGO. —Ten juicio, y vete a casa.

EMILIA. —¡Nunca!
(**YAGO** *hace ademán de herir a* **EMILIA**).

GRACIANO. —¿Cómo?
¿La espada desnudas contra una hembra?

EMILIA. —¡Oh torpe moro! Aquel pañuelo tuyo
hallélo por azar y dilo a mi marido,
quien muchas veces con instancia suma,
para esa bagatela exagerada,
pidióme que lo hurtara.

YAGO. —¡Vil ramera!

EMILIA. —¿Darlo ella a Casio?
No; lo hallé yo misma
y dilo a mi marido.

YAGO. —¡Infame, mientes!

EMILIA. —¡Por Dios, no miento,
hidalgos, no, no miento!
¡Oh necio sanguinario! ¡Mentecato,
qué habías tú de hacer con esa santa!

OTELO. —¿No hay rayos en el cielo?
¿El trueno todos
los hubo menester? ¡Atroz villano!
(*Se lanza sobre* **YAGO**, *el cual hiere por detrás a*
EMILIA, *y se va*).

GRACIANO. —Se cae; a su mujer mató sin duda.

EMILIA. —¡Ay, sí! Pónganme al lado de mi ama.

GRACIANO. —Logró escaparse, mas la hirió de
muerte.

MONTANO. —¡Canalla vil! Toma tú esta espada
que acabo de quitar de mano al moro;
vengan; la puerta vigilen por fuera;
no lo dejen pasar; antes mátenlo.
Yo en tanto iré detrás de aquel bellaco;
pues no hay mayor malvado en todo el orbe.

Se van **MONTANO** *y* **GRACIANO**.

OTELO. —Ya ni valor me queda; a desarmarme
basta cualquier rapaz. ¿E importa acaso
que sobreviva a la virtud la honra?
Piérdase todo.

EMILIA. —¿Qué anunció tu canto,
ama querida? Escúchame si aún me oyes:
quiero morir cantando como el cisne. *(Canta)*.

Canta el sauce y su verdor frondoso...

Moro, fue casta; moro cruel, te amaba.
Verdad te digo, así la gloria logre.
Y hablando tal cual pienso, muero, ¡ay!, muero.

(Muere).

OTELO. —Otra arma guardo en esta
estancia oculta:
una hoja toledana, y duro temple
le dió el arroyo helado. Aquí la tengo
es menester que salga, noble tío.

GRACIANO. *(Dentro)*. —Caro te costará
si lo intentaras:
no tienes arma, y fuerza es que sucumbas.

OTELO. —Entra, pues, aquí dentro, y dame oído,
o como estoy, desnudo he de atacarte.

Entra **GRACIANO.**

GRACIANO. —Pues ¿qué acontece?

OTELO. —Mira, espada tengo;
mejor no la ciñó soldado nunca;
más de una vez con este débil brazo
y esta hoja bien templada, paso abríme
por entre impedimentos veinte veces
mayores que el estorbo que me opones.
Mas, ¡ay, ocioso alarde! ¿Quién alcanza
su sino a dominar? Ahora es distinto;
no temas, aunque armado me contemples;
éste es de mi jornada fin y meta,
de mi último viaje rada y puerto.
¿Te haces atrás temblando? Miedo inútil.
De Otelo el pecho amaga con un junco,
y le verás cejar. ¿Dó iría Otelo?
Dame tu rostro a ver, desventurada.
¡Pálido cual tu camisa! Cuando juntos
ante el celeste trono aparezcamos,
esa mirada tuya al alma mía
despeñará del cielo, y los demonios
de ella asirán con sus feroces garras.
Helada estás, mi bien, cual tu pureza.
¡Oh torpe esclavo! ¡Furias, apártenme
de cuadro tan celeste a latigazos!
¡Arrebátenme en ráfaga sañuda!

¡Tuesten mis miembros en azufre! ¡En hondas
simas de fuego líquido báñenme!
¡Desdémona! ¡Desdémona! ¡Ay! ¡Ay! ¡Muerta!

Entran **LUDOVICO, MONTANO, CASIO,**
a quien llevan en una silla, y **YAGO** *preso.*

LUDOVICO. —¿Dó está ese temerario sin ventura?

OTELO. —Éste es aquel que Otelo fue. Mírenlo.

LUDOVICO. —¿Dó está aquel áspid? Salga ese
villano.

OTELO. —Los pies le miro; pero es cuento aquello.
Si eres demonio no podré matarte.

(Hiere a **YAGO***).*

LUDOVICO. —Quítenle el arma.

YAGO. —Herido estoy, no muerto.

OTELO. —Y pena no me da; quiero que vivas,
pues el morir es dicha a juicio mío.

LUDOVICO. —Tú que tan noble,
¡oh Otelo!, un tiempo fuiste
preso en los lazos de un villano aleve,
¿qué se dirá de ti?

OTELO. —Cuanto te ocurra;
seré, si te place, un asesino honrado,
pues todo por mi honor, nada hice en odio.

LUDOVICO. —En parte confesó ya su delito
el miserable. ¿Consintieron ambos
en acabar con Casio?

OTELO. —Sí.

CASIO. —Mi jefe,
jamás te di motivo.

OTELO. —Así lo creo:
perdón te pido. —Pregunta, si te place,
al semidiablo aquel, cuál fue su intento
al enredarme a un tiempo cuerpo y alma.

YAGO. —Nada me pregunten, pues no respondo:
lo que saben, saben. Desde este instante
no vuelvo a hablar.

LUDOVICO. —¿Ni en oración siquiera?

GRACIANO. —Te obligará el tormento a abrir
los labios.

OTELO. —Harás mejor.

LUDOVICO. —Sabrán lo que ha ocurrido;
lo cual aún ignoran, según sospecho.
Hay una carta aquí que en el bolsillo
del infeliz Rodrigo fue encontrada.
Otra hay también. Se cuenta en una de ellas
de cómo fue encargado de dar muerte
Rodrigo a Casio.

OTELO. —¡Oh villano!

CASIO. —¡Oh vil! ¡Oh infame!

LUDOVICO. —Hay otro escrito lleno de reproches
que en su bolsillo fue también hallado.
Parece que Rodrigo meditaba
remitir esa carta al miserable;
pero entre tanto se encontró, sospecho,
con Yago, quien sus dudas satisfizo.

OTELO. —¡Perro alevoso! ¿Cómo vino, Casio,
a estar en tu poder aquel pañuelo
que fue de mi mujer?

CASIO. —Lo hallé en mi alcoba;
y él mismo ha poco confesó que en ella
de intento lo extravió porque surtiese
el deseado efecto.

OTELO. —¡Oh torpe, necio!

CASIO. —La carta de Rodrigo a más contiene
reconvenciones en que a Yago afea
el haberle excitado a desafiarme
en el cuerpo de guardia, a cuya riña
debí el perder mi puesto; y dijo ha poco
el mismo, vuelto en sí de su desmayo,
que Yago fue quien le acusó, que Yago
fue quien lo hirió.

LUDOVICO. —Forzoso es que esta casa
abandones, y nos sigas al punto.
Has perdido ya poder y mando,
y Casio manda en Chipre. En lo que toca
al miserable aquel, ten por seguro
que si en la sala de tormento hubiera
alguno tan cruel que sin matarlo
le hiciera padecer por largo tiempo,
suyo será. Tú en prisión estrecha
sujeto quedarás en tanto falle
en tu causa el véneto Senado.
Partamos, pues: llévenselo.

OTELO. —Poco a poco.
Una palabra y se irán. Servicios

presté, tal vez no pocos, al Estado,
y bien lo sabe; pero basta de eso.
Sólo un favor les pido: en sus cartas,
cuando mención hagan del triste caso,
hablen de mí cual soy, sin disculparme,
sin agravar malévolos mi culpa.
De un infeliz tendrán que hablar entonces
que amó sin discreción, mas con exceso,
que tardó en recelar, mas una vez celoso
dejóse arrebatar de su locura;
de un insensato cuya torpe mano
cual la del indio vil tiró una perla
de más valía que su tribu toda;
cuyos rendidos ojos no avezados
en otro tiempo en llanto a derretirse,
lágrimas derramaron hilo a hilo
sin tregua, cual los árboles de Arabia
su zumo medicinal. Nárrenlo todo;
y refieran también cómo en Alepo un día,
viendo a un turco de altanero turbante
atreverse a golpear a un veneciano,
infamando de tal modo a la república,
agarré del cuello al perro circunciso
y dile muerte: así. (Se *da una puñalada*).

LUDOVICO. —¡Fin lastimoso!

GRACIANO. —¡En balde hablamos!

OTELO. —Antes de matarte,
besárte quise: acabe así el suceso;
me mato y muero entre beso y beso.
(*Muere*).

CASIO. —Me lo temí, pues era de alma noble,
creía empero que armas no tuviera.

LUDOVICO. —¡Perro espartano!
¡Más cruel que el duelo,
el hambre y la mar airada! Mira, mira
la trágica carga de este lecho
contempla tu obra, cuyo aspecto sólo
fuera capaz de emponzoñar la vista.
Tápalo al punto. Vigila la casa,
Graciano, y embarga los bienes todos
del moro: tú le heredas. A ti compete,
señor gobernador, el dar castigo
a este infernal villano, el sitio y hora
fijando y el tormento. ¡Oh!, duro sea.
Yo parto luego a dar al alto Estado
cuenta del triste caso, contristado.

(Se van).

TÍTULOS DE ESTA COLECCIÓN